믿음,
어떻게 성장할 수 있을까?

믿음, 어떻게 성장할 수 있을까?

저자 강하룡
초판 1쇄 발행 2019. 10. 7.
발행처 도서출판 브니엘
발행인 권혁선
등록번호 서울 제2006-50호
등록일자 2006. 9. 11.
서울특별시 송파구 백제고분로28길 25 B101호 (05590)
마케팅부 02)421-3436
편집부 02)421-3487
팩시밀리 02)421-3438

ISBN 979-11-90308-02-1 03230

독자의견 02)421-3487
이메일 editorkhs@empal.com

북카페 주소 cafe.naver.com/penielpub.cafe
페이스북 www.facebook.com/penielbooks
인스타그램 @peniel_books

도서출판 브니엘은 독자들의 책에 관한 아이디어나 원고를 설레는 마음으로 기다리고 있습니다. 책으로 엮기를 원하는 아이디어가 있으신 분은 위의 이메일로 간단한 개요와 취지, 연락처 등을 보내주십시오. 머뭇거리지 말고 문을 두드리세요. 길이 열립니다.

도서출판 브니엘은 갓구운 빵처럼 항상 신선한 책만을 고집합니다.

믿음,
어떻게 성장할 수 있을까?

— 강하롱 | 지음

● 신앙 성장을 위한 8가지 영적 비타민

브니엘

| **프롤로그** |

육체의 성장이 하나님의 뜻인 것처럼 신앙 성장도 하나님의 뜻이다. 하지만 하나님의 뜻이라고 해서 아무것도 하지 않아도 저절로 성장하는 것은 아니다. 육체가 정상적으로 자라기 위해서는 음식을 끼니마다 섭취해야 하고 운동도 해야 한다. 영양소가 부족하면 육체도 정상적으로 성장할 수 없다.

예를 들어 비타민 A가 부족하면 야맹증에 걸리고, 비타민 C가 부족하면 면역 기능이 떨어지며 상처 회복이 더뎌진다. 그리고 비타민 D가 부족하면 뼈가 약해지고 골다공증에 걸릴 가능성이 커진다. 신앙 역시 성장에 필요한 영양소를 골고루 공급받아야 건강하게 성장할 수 있다. 만약 영양소가 부족하면 신앙도 정상적으로 성장을 하지 못하게 된다.

이 책은 신앙 성장에 필요한 8가지 성장 비타민을 제안한다. 그것은 대그룹 예배, 소그룹 친교, 일대일 양육, 봉사, 큐티, 통독, 기도, 전도이다. 앞의 4가지는 공동체의 경건생활이고, 뒤의 4가지는 개인의 경건생활에 속한다. 신앙이 성장하기 위해서는 다양한 활동이 있지만 이 책에서는 8가지 성장 비타민을 신앙 성장을 위한 핵심활동으로 제안했다.

Part 1에서는 신앙 성장은 하나님의 뜻이라고 강조했다. 오랜 기간 신앙생활을 하면 예수님을 닮은 장성한 성도로 성숙해지는 것이 성경적이고 정상적이다. 신앙 연수와 성숙도가 비례해야 정상적인 신앙생활을 하고 있다고 말할 수 있다.

Part 2에서는 공동체 경건생활의 구체적인 활동으로 대그룹 예배, 소그룹 친교, 일대일 양육, 봉사, 이 네 가지 성장 비타민을 중심으로 설명했다. 하나님과의 관계에는 예배(Worship)라는 활동을 강조했다. 예배는 성도들이 하나님에게 공적으로 드리는 신앙활동이다. 사람과의 관계에서는 소그룹 친교, 일대일 양육, 봉사를 강조했다. 성도들은 소그룹 모임을 통해 인격적이고 친밀한 관계를 형성할 수 있다. 소그룹 모임 안에서 서로의 간증을 나누면 신앙이 삶 속에 깊이 들어올 수 있다. 일대일 양육을 통해서는 신앙의 선배와 인격적인 관계를 형성하며 구체적이고 실제적인 변화를 도모할 수 있다. 봉사는 다른 사람들을 섬기고 돕는 활동이다. 봉사를 통하여 교회를 세우고, 지역 사회를 섬김으로 하나님의 나라를 확장하는 데 기여할 수 있다.

Part 3에서는 개인 경건생활의 구체적인 활동으로 큐티, 통독, 기도, 전도, 이 네 가지 성장 비타민을 중심으로 설명했다. 큐티는 개인 경건생활의 시작이다. 매일매일 하나님에게 나아가는 경건생활의 기본이라고 할 수 있다. 통독은 영혼의 양식이다. 성경 전체적인 관점에서 하나님의 뜻을 깨달을 수 있는 기본적이면서도 가장 중요한 방법이다. 통독은 기독교 역사만큼이나 오래되었고, 믿음의 사람들에 의하여 증명된 방법이다. 기도는 영혼의 호흡이다. 기도를 통해 하나님의 뜻을 더욱 선명하게 깨달을 수 있으며, 하나님과의 관계가 더욱 친밀해질 수 있다. 전도는 영혼의 운동이다. 전도를 통해 구원의 확신과 감격이 더욱 선명해진다. 전도를 통해 하나님의 나라를 확장하는 일에 참여할 수 있다.

Part 4에서는 성장의 목적이 예수님을 닮아가는 것임을 밝혔다. 예수님의 성품, 삶, 사역을 닮아가는 것이 성숙이다. 예수님의 성품을 닮아가고, 교회·가정·일터에서 성경대로 살아가는 것이다. 또한 주님처럼 하나님의 나라를 위한 사역을 감당하기까지 자라가야 한다.

이 책은 교회생활을 새로 시작하는 새신자들에게 도움이 될 것이다. 또한 교회를 오랫동안 다녔지만 제대로 신앙생활을 하지 못한 성도들에게 건강하게 성장하는 방법을 배우는 데 유익을 줄 것이다. 그리고 전도하여 교회생활을 새롭게 시작하는 초신자가 있다면 이 책을 함께 읽으면서 교회생활을 하는 방법을 알려줄 수도 있을 것이다. 이 작은 책을 통해 하나님의 은혜 가운데 믿음으로 성장하는 하나님의 사람이 되길 기원한다.

글쓴이 강하룡 목사

C·O·N·T·E·N·T·S
차례

프롤로그 • 004

Part 1 신앙 성장은 하나님의 뜻이다

01. 신앙에는 성장이 있다 • 016
성숙한 성도, 미성숙한 성도
장성한 자와 어린아이의 공통점과 차이점

02. 영적인 근육을 훈련하라 • 025
수영을 배우지 않은 사람은 모두 개헤엄을 친다
영적인 근육을 개발하라

03. 공동체와 개인 경건생활에 조화를 이루라 • 031
공동체 경건생활 : WIFE
개인 경건생활 : 베이직 라이프
공동체 경건생활과 개인 경건생활의 조화
8가지 성장 비타민

Part 2

공동체 경건생활로 성장하라

04. 성장 비타민 1 : 대그룹 예배 • 043

>>> 주일 예배는 주중의 삶을 향해야 한다

설교를 듣는 목적은 삶의 변화이다
경배와 찬양을 받기에 합당하신 하나님
삶의 예배에 목숨을 걸라

05. 성장 비타민 2 : 소그룹 친교 • 062

>>> 성도들은 교제를 통해 친밀해진다

소그룹 친교를 통해 역동적인 관계 형성이 가능하다
건강하지 못한 소그룹의 3가지 특징 | 건강한 소그룹의 3가지 특징

06. 성장 비타민 3 : 일대일 양육 • 070

>>> 개인적으로 인격적인 관계를 형성하라

일대일 양육의 정의 | 일대일 양육에 대한 3가지 오해
일대일 양육의 5가지 원리 | 일대일 양육자의 자격과
양육 방법 | 일대일 양육 시 주의사항
일대일 리더를 위한 일대일 양육의 3단계

07. 성장 비타민 4 : 봉사 • 091

>>> 공동체는 사랑의 수고로 세워진다

공동체는 사랑의 수고로 세워진다
봉사를 하면 신앙이 성장한다 | '1인 1사역' 하라

Part 3 개인 경건생활로 성장하라

08. 성장 비타민 5 : 큐티 • 107

>>> 임재 중심의 큐티

큐티는 경건생활의 시작이다
임재 중심의 큐티, 이렇게 하라 | 다양한 큐티 비유를 통해
큐티를 깊게 이해하라 | 큐티와 새벽기도를 통합하라

09. 성장 비타민 6 : 통독 • 119

>>> 말씀을 붙들면 말씀이 붙든다

성경을 규칙적으로, 계획적으로 읽으라 | 말씀을 붙들면
말씀이 붙든다 | 영적인 수입과 지출의 비유를 적용하라

10. 성장 비타민 7 : 기도 • 132

>>> 기도하면 내가 변한다

너희는 이렇게 기도하라 | 하나님 아버지는 자녀들에게
좋은 것을 주기 원하신다 | 기도하면 내가 변한다

11. 성장 비타민 8 : 전도 • 148

>>> 복음에 합당한 삶을 살라

회심의 원리와 증거를 이해하라
1구절, 2구절, 7구절 복음으로 무장하라
말씀을 심어 사람을 거두라

Part 4　성장의 목적은 예수님을 닮아가는 것이다

12. 예수님의 성품을 닮아가라 • 174

성품은 성령의 내적 열매이다 | 성품은 일반 은총이다
주님의 마음결에 합하여 주님의 성품을 닮으라

13. 예수님의 삶을 닮아가라 • 180

교회, 가정, 일터에서 성경대로 살라
교회생활의 성숙 | 가정생활의 성숙 | 일터생활의 성숙
성숙은 하나님의 질서를 따르는 것이다

14. 예수님의 사역을 닮아가라 • 193

지상사명 : 제자 삼는 사역
12제자 비전 : 직제자 비전
한 사람 비전: 일대일 사역 비전
영적 4대 비전 : 재생산 비전

에필로그 • 205

HOW?

P·A·R·T·1

신앙 성장은
하나님의 뜻이다

　　　　　＊　＊　＊　＊　＊

　살아 있는 모든 생명이 자라듯 신앙이 성장하는 것은 하나님의 뜻이다. 사람의 육체가 자라는 것이 하나님의 뜻인 것과 동일하다. 오랜 기간 신앙생활을 하면 예수님을 닮은 장성한 성도로 성숙해지는 것이 성경적이고 정상적이다. 신앙 연수와 성숙도는 비례해야 정상적인 신앙생활을 하고 있다고 말할 수 있다. 신앙 연수가 흐를수록 성품이나 삶이 예수님을 닮아가는 것이 건강한 신앙생활을 하고 있다는 강력한 증거이다. 하지만 현실은 안타깝게도 평생 교회에 다닌 성도들 중에서도 미처 자라지 못한 사람들이 많다.

CHAPTER. 1

신앙에는 성장이 있다

어느 주일날 아침, 가족들과 택시를 타고 교회로 가는 길이었다. 택시 기사님에게 이런저런 이야기를 하다가 교회에 다니시냐고 물어보았다. 기사님은 마치 기다렸다는 듯이 자기가 교회를 그만 다니게 된 이유를 설명했다. 기사님은 제법 큰 교회를 15년 이상 다녔다고 했다. 그런데 1년쯤 전에 장로 선거에서 떨어졌다. 사람들이 자기를 뽑아주지 않은 게 섭섭해서 그때부터 교회에 다니지 않았으며, 앞으로도 다니고 싶지 않다고 말했다.

나는 기사님이 예수님을 아직 만나지 못했음을 알고 안타까웠다. 주님을 만났다면 선거에서 떨어졌다고 해서 교회를 떠나지 않을 것이기 때문이었다. 주님을 사랑한다면 교회를 사회생활하듯이 다니지는 않을 것이며, 직장에서 승진하듯이 직분을 바라지는 않았을 것이기 때문이다.

나는 기사님에게 솔직히 말했다.

"기사님, 자존심이 상할 수 있는 말을 잠깐 해드리겠습니다. 제가 보기에 기사님은 교회에 오래 다니셨지만 예수님을 아직 만나지 못한 것 같습니다. 진실로 예수님을 만났다면 직분을 받지 않아도 주님을 사랑하고, 교회에 봉사합니다. 장로가 되는 것보다 예수님을 믿고 구원받는 것이 더 시급합니다."

기사님은 자존심이 상했는지 아무런 말도 하지 않았다. 나는 이어서 말했다.

"기사님, 교회에 다니면서 천국과 지옥에 대해서 배우셨죠? 인생이 얼마나 짧은 지는 잘 알고 계시죠? 죽으면 회개할 수 있는 기회가 없습니다. 지금, 살아계실 때 예수님을 믿고 신앙생활을 하셔야 합니다. 교회에 오래 다녀도 예수님을 믿지 않으면 지옥에 갑니다."

우리가 내릴 때 기사님은 자기에게 솔직하게 말해줘서 고맙다고 인사했다.

성숙한 성도, 미성숙한 성도

사도 바울은 고린도교회에 편지하면서 사람들을 세 종류로 구분했다. "육에 속한 사람은 하나님의 성령의 일들을 받지 아니하나니 이는 그것들이 그에게는 어리석게 보임이요, 또 그는 그것들을 알 수도 없나니 그러한 일은 영적으로 분별되기 때문이라. 신령한 자는 모든 것을 판단하나 자기는 아무에게도 판단을 받지 아니하느니라. 누가 주의 마음을 알아서 주를 가르치겠느냐. 그러나 우리가 그리스도의 마음을 가졌느니라. 형제들아 내가 신령한 자들을 대함과 같이 너희에게 말할 수 없어서 육신에 속한 자 곧 그리스도 안에서 어린 아이들을 대함과 같이 하노라. 내가 너희를 젖으로 먹이고 밥으로 아니하였노니 이는 너희가 감당하지 못하였음이거니와 지금도 못하리라. 너희는 아직도 육신에 속한 자로다. 너희 가운데 시기와 분쟁이 있으니 어찌 육신에 속하여 사람을 따라 행함이 아니리요"(고전 2:14-3:3).

먼저 '육에 속한 사람'은 불신자를 지칭한다. 하나님의 일들이 그들이 보기에는 어리석게 보이고 깨달을 수도 없기 때문에 불신자들은 하나님의 성령의 일들을 받아들이지 않는다. 다음으로 '신령한 자들'은 예수님을 닮은 성숙하고 장성한 성도들이다. 예수님이 지상사명에서 "내가 너희에게 분부한 모든 것"(마 28:20)을 가르치고 지키라고 명하신 것에 충실하게 순종하는 제자들이다. 마지막으로 '육신에 속한 자'는 그리스도 안에서 어린아이와 같은 성도들이다. 그들은 육신의 정욕, 안목의 정욕, 이생의 자랑(요일 2:16)이 세상 사람들과 같아서 시기와 분쟁을 벗어나지 못한 채 살아간다. 그들은 출애굽 1세대와 같다. 하나님의 은혜로 열 가지 재앙에서 구원을 받았고, 노예생활에서 탈출하여 하나님의 백성이 되었다. 하지만 어려운 일이 있을 때마다 모세에게 불평하고 하나님을 원망하며 애굽 땅을 그리워하여 하나님을 격노하게 했다. 그들은 예수님을 만나서 구원을 받았지만 하나님의 나라와 세상 사이에 끼여 있는 사람들이다. 요약하면 '육에 속한 사람들'은 불신자이고, '신령한 자들'과 '육신에 속한 자들'은 신자들이다.

히브리서에서는 신자를 두 종류로 구분하고 있다.

"멜기세덱에 관하여는 우리가 할 말이 많으나 너희가 듣는 것이 둔하므로 설명하기 어려우니라. 때가 오래 되었으므로 너희가 마땅히 선생이 되었을 터인데 너희가 다시 하나님의 말씀의 초보에 대하여 누구에게서 가르침을 받아야 할 처지이니 단단한 음식은 못 먹고 젖이나 먹어야 할 자가 되었도다. 이는 젖을 먹는 자마다 어린아이니 의의 말씀을 경험하지 못한 자요 단단한 음식은 장성한 자의 것이니 그들은 지각을 사용함으로 연단을 받아 선악을 분별하는 자들이니라"(히 5:11-14).

'어린아이'는 단단한 음식과 같은 말씀은 먹지 못하기에 젖과 같이 부드럽고 은혜로운 말씀만을 먹으며, 가정과 직장 등 일상에서 말씀을 경험하지 못한다. 이에 비해 '장성한 자'는 단단한 음식과 같은 말씀을 먹을 수 있으며, 영적훈련을 통해 선과 악을 구분하고, 하나님의 뜻을 선택할 수 있는 능력이 있다.

신앙에는 성장이 있다. 신앙 성장은 하나님의 명확한 뜻이다. 만일 예수님을 따른 시간만큼 성숙하지 못하다면 신앙생활에 무엇인가 문제가 있다는 의미이다.

"내가 어렸을 때에는 말하는 것이 어린아이와 같고 깨닫는 것이 어린아이와 같고 생각하는 것이 어린아이와 같다가 장성한 사람이 되어서는 어린아이의 일을 버렸노라"(고전 13:11).

바울도 자신이 어린아이와 같은 때가 있었음을 고백했다. 바울은 장성한 사람이 되어 어린아이와 같았던 자신의 모습을 깨닫고 버릴 수 있게 되었다고 말했다.

장성한 자와 어린아이의
공통점과 차이점

히브리서 5장에 나타난 장성한 자와 어린아이의 공통점은 의미심장한 것을 깨닫게 한다.

첫 번째 공통점은 둘 다 '말씀을 먹는다'이다. 영적 어린아이는 젖과 같은 말씀을 먹는다. 젖은 하나님의 말씀에서 기초적인 지식, 은혜가 되는 말씀을 의미한다. 어린아이는 자신에게 은혜로운 말씀, 감동적인 말씀을 좋아한다. 축복의 말씀을 좋아하기에 자칫하면 기복신앙으로 빠지기 쉽다. 어린아이는 성경의 문맥을 무시하고, 복되고 잘된다는 말씀에 주로 반응한다. 하나님이 아브라함에게 "내가 반드시 너에게 복주고 복주며 너를 번성하게 하고 번성하게 하리라"(히 6:14)고 약속하셨다. 어린아이는 이 본문에서 아브라함에게 이 약속을 주었을 때의 문맥을 무시하고, 아브라함이 믿음으로 치열하게 산 삶은 등한시하며, 복되고 번성하겠다는 약속만 받으려고 한다. 그래서 이들은 하나님의 말씀을 경험하기 힘들다.

영적으로 장성한 자는 단단한 음식과 같은 말씀을 먹는다. 단단한 음식은 하나님의 마음과 신앙의 본질이 담긴 말씀을 뜻한다. 장성한 자는 자신에게 감동이 되든 안 되든 간에 성경에 기록된 하나님의 뜻에 집중한다. 단단한 음식의 사례로 지극히 높은 명령이라는 뜻의 '지상사명'이 있다. 지상사명은 예수님의 유언이다.

> "예수께서 나아와 말씀하여 이르시되 하늘과 땅의 모든 권세를 내게 주셨으니 그러므로 너희는 가서 모든 민족을 제자로 삼아 아버지와 아들과 성령의 이름으로 세례를 베풀고 내가 너희에게 분부한 모든 것을 가르쳐 지키게 하라. 볼지어다. 내가 세상 끝날까지 너희와 항상 함께 있으리라 하시니라"(마 28:18-20).

지상 사명은 단단한 음식과 같이 소화하기가 쉽지 않다. 영적 어린아이들은 보통 이런 말씀에는 관심이 없고, 은혜도 받지 못한다. 지상사명은 하나님의 마음속 깊은 뜻을 드러내는 말씀이기에 하나님의 뜻을 찾고 순종하려는 제자들에게는 의미 있게 다가오고 감동도 된다.

두 번째 공통점은 '때가 오랜 그리스도인'이다. 히브리서 5장에 나타난 성도는 장성한 자와 어린아이 모두 오랫동안 신앙생활을 한 성도들이다. "때가 오래 되었으므로 너희가 마땅히 선생이 되었을 터인데"(히 5:12) 아직 장성하지 못하고 어린아이 상태로 머물러 있다고 책망을 하는 것이다. 교회에 오래 다닌다고 성장하는 게 아니다. 신앙 연수가 오래 되었는데 장성한 자가 되지 못하고 어린아이인 교인들이 집사, 장로, 심지어 목사가 된다. 여기에 현재 한국교회가 가지고 있는 문제의 본질적인 원인이 있다. 어린아이가 교회의 지도자가 되면 그 교회는 정상적인 역할을 감당할 수가 없다.

교회에 오래 다녔는데도 영적 어린아이인 이유는 무엇일까? 문제의 원인은 하나님의 말씀을 가정과 일터의 삶 속에서 경험하지 못했기 때문이다(히 5:13). 그래서 신앙 성장은 일상생활 가운데 하나님의 말씀을 경험하는지 여부에 달려 있다.

하나님의 말씀을 삶 가운데 경험하며 성장한 좋은 사례가 바로 요셉이다. "여호와께서 요셉과 함께 하시므로 그가 형통한 자가 되어 그의 주인 애굽 사람의 집에 있으니 그의 주인이 여호와께서 그와 함께 하심을 보며 또 여호와께서 그의 범사에 형통하게 하심을 보았더라"(창 39:2-3). 요셉은 노예나 죄수 등 어떤 신분에서도 하나님과 동행함으로써 하나님을 경험하고, 하나님의 약속의 말씀을 경험하는 삶을 살았다. 결국 그는 자기를 팔아넘긴 형제들을 용서했고, 아버지 야곱과 가족들을 7년 흉년에서 먹여 살렸으며, 이집트와 주변국가의 수많은 생명을 살리는 삶을 살았다.

제임스 패커는 자신의 저서 「하나님을 아는 지식」(IVP)에서 하나님 체험의 중요성을 강조했다. "하나님을 아는 약간의 지식이 하나님에 대한 많은 양의 지식보다 값지다. 우리는 하나님을 많이 알지 못하면서도 하나님에 대해서는 많은 것을 알 수 있다. 하나님에 대한 신학적인 지식이 있는 것과 하나님을 아는 것은 같지 않다. 하나님을 아는 사람들은 하나님을 위한 엄청난 실행력을 가지고 있다. 하나님을 아는 사람들은 하나님에 대한 위대한 생각들을 가지고 있다. 하나님을 아는 사람들은 다니엘과 세 명의 친구들이 우상 숭배에 목숨을 걸고 저항한 것처럼 하나님을 위한 담대함을 드러낸다. 하나님을 아는 사람들은 하나님 안에서 커다란 만족을 얻는다."

CHAPTER. 2

영적인 근육을 훈련하라

최명화 자매는 신앙훈련을 받기 시작하면서 자신의 믿음이 얕은 수준의 어린아이에 불과하다는 사실을 알게 되었다. 신앙에도 성장이 필요하다는 것을 깨닫게 되면서, 그전에는 자신이 어린아이라는 사실도 모르는 한심한 상황이었다는 것을 알게 된 것이다. 그녀는 어렸을 때부터 교회에 다녔기에 자연스럽게 하나님을 믿게 되었다. 그래서 그녀는 하나님이 어떤 분인지 잘 알고 있다 생각했고, 30년 가까이 설교를 들으면서 배울 만한 것은 다 배웠다고 여겼다. 평일에는 다른 사람에게 피해를 주지 않고 착하게 살았으며, 주일에는 교회에서 반주자로 봉사도 했기에 자신의 모습에 자부심도 느끼고 있었다.

하지만 훈련을 받으면서 주중에는 하나님 없이 살았다는 점을 깨달았다. 가끔 자신이 불안함을 느낄 때나 갑작스러운 문제가 생겼을 때만 하나님을 급하게 찾곤 했다. 다급한 심정으로 전능하신 하나님, 능력의 하나님이라는 온갖 미사여구를 붙이며 도와달라고 떼를 썼다. 이 문제를 해결해주시면 하나님의 뜻대로 살겠다며 하나님을 회유하기도 했었다. 하지만 문제가 해결되면 언제 그랬냐는 듯이 잊어버렸다. 그녀의 삶은 교회생활에는 열심이었지만 하나님과 동행하거나 하나님의 뜻대로 사는 삶과는 거리가 있었다.

사실 명화 자매는 하나님의 뜻대로 산다거나 하나님과 동행한다는 것이 자신과는 먼 이야기로 느꼈었다. 아브라함이나 다윗같이 성경에 나오는 사람들, 또는 하나님이 아니면 해결할 수 없는 큰 고난을 겪은 사람들에게만 주어지는 특별한 삶이라고 생각했었다. 그런데 자신의 신앙이 실제로 성숙하면서 하나님의 뜻대로 사는 것이 특별한 몇몇 사람만 살 수 있는 게 아니라 모두가 그렇게 살 수 있고, 그렇게 살아야 하며, 그렇게 사는 것이 하나님의 뜻임을 깨닫게 된 것이었다.

수영을 배우지 않은 사람은
모두 개헤엄을 친다

수영을 배우지 않은 사람이 물에 들어가게 되면 모두 한결같이 개헤엄을 친다. 이상한 일이다. 수영을 배운 경험이 없다면 각각 다른 방식으로 수영해야 하지 않을까? 누구는 오리헤엄, 누구는 사자헤엄, 누구는 개구리헤엄처럼 각각 달라야 한다. 그런데 수영을 배우지 않은 사람이 물에 들어가면 한결같이 동일하게 개헤엄을 친다. 그 이유는 무엇일까? 그 이유는 육지에서 발달된 근육을 물속에서도 동일하게 사용하기 때문이다. 물속에 들어가면 물속에서 유용한 방식으로 근육을 사용해야 효율적이다. 하지만 대부분의 사람들은 물속에서 사용되는 근육이 발달되지 않았기 때문에 물속에서 효율적인 근육이 아니라 물 밖에서 발달된 근육을 물속에서도 그대로 사용하게 된다. 사람은 물 밖에서 손을 앞뒤로 흔들며 걷고, 손을 앞뒤로 흔드는 데 필요한 근육이 발달되어 있다. 그래서 수영을 배우지 않은 사람은 물속에서 각각 다른 방식으로 수영을 하는 것이 아니라 팔을 앞뒤로 흔드는 근육을 사용하여 같은 방식으로 개헤엄을 치게 되는 것이다.

신앙생활도 이와 유사하다. 성경적인 근육이 형성되어 있지 않은 그리스도인은 세상에서 예수님을 만나기 전과 같은 방식으로 살아가게 된다. 즉 교회에 다니는 그리스도인이지만 기존에 가지고 있던 세상 근육으로 일상을 살아가게 된다. 영적인 근육이 훈련되기 전에는 세상에서 하나님의 뜻대로 살고 싶어도 살 수가 없다. 세상적인 근육으로 살아왔기 때문이다. 성경적으로 살고 싶어도 본능적으로 세상적인 생각과 행동을 하게 된다. 마치 물속에서 본능적으로 발달된 근육을 사용하는 것과 동일하다.

영적인 근육을 개발하라

영적인 근육을 개발할 수 있는 가장 좋은 방법은 영적인 근육을 지속적으로 사용하는 것이다. 수영에서 자유형을 가장 빨리 배울 수 있는 방법은 자유형을 계속 연습하는 방법 외에는 없다. 자유형을 잘하려면 자유형에 사용되는 근육을 개발해야 하는데, 그 근육을 개발하는 방법은 그 근육을 사용하는 것 외에는 없다. 처음에는 근육이 발달하지 못했기에 동작이 서툴 수밖에 없지만 계속 연습하다 보면 근육이 발달하면서 점점 자세가 나오고 동작이 분명해진다. 그러나 도중에 멈추면 근육은 다시 쇠퇴하게 된다. 멈추지 않고 꾸준히 연습하면 평생 자유형을 구사할 수 있는 근육이 만들어진다.

　세상에서 하나님의 뜻대로 살고 싶다면 하나님의 뜻대로 사는 연습을 계속하는 방법 외에는 없다. 사람의 생각은 하나님의 생각과 다르다. 힘든 상황에서 사람은 본능적으로 자신의 생각대로 행하게 된다. 세상적인 근육을 사용한다는 의미이다. 하나님의 뜻을 찾고 순종하려는 방식으로는 생각을 진행하지 못한다. 이때 잘 되지 않더라도 하나님의 뜻을 계속 찾고 순종하는 연습을 해야 한다. 어색하더라도 이러한 시도를 멈추지 말아야 한다. 그럼 점차 영적인 근육이 만들어지고, 성경적인 방식으로 생각하며 행동하게 된다.

　사사시대는 영적인 암흑기였다. 영적 어린아이들이 가득한 시대였다. 사람들은 영적인 근육이 없었기에 세속적인 근육으로 하나님을 섬겼다. 즉 사람들은 하나님의 방법이 아니라 자기 방식대로 하나님을 섬겼다. "그때에는 이스라엘에 왕이 없었으므로 사람마다 자기 소견에 옳은 대로 행하였더라"(삿 17:6). 문제는 사람의 생각과 하나님의 생각이 달랐기에 사람이 섬기는 방식을 하나님은 매우 싫어하셨다는 점이다.

　에브라임 산지에 사는 '미가'는 레위 청년 한 사람을 그 가정의 제사장으로 고용했다. "미가가 그에게 이르되 네가 나와 함께 거주하며 나를 위하여 아버지와 제사장이 되라. 내가 해마다 은 열과 의복 한 벌과 먹을 것을 주리라 하므로 그 레위인이 들어갔더라"

(삿 17:10). 레위 청년은 거주할 곳이 마땅하지 않았기에 미가의 제안을 흔쾌히 받아들였다. 그리고 미가는 "레위인이 내 제사장이 되었으니 이제 여호와께서 내게 복주실 줄을 아노라"(삿 17:13)며 기뻐했다. 미가는 하나님에게 복받기를 원했지만 막상 그가 한 행위는 범죄였다. 그는 알지 못했지만 레위 지파 청년을 감히 가정의 제사장으로 고용하는 죄를 범했다. 영적인 근육이 없었기에 하나님이 진실로 기뻐하시는 방식으로 하나님을 섬기지 못한 것이다.

스티브 맥베이는 자신의 저서 「은혜 영성의 파워」(NCD)에서 하나님에게 온전히 항복하는 삶이 하나님의 뜻대로 살아갈 수 있는 비결이라고 밝혔다. "예수님의 영이 우리 안에 들어왔다. 하나님의 성령이, 예수 그리스도의 영이 우리 안에 들어왔다. 이것으로 우리는 무엇이 가능할까? 바울은 '내게 능력 주시는 자 안에서 내가 모든 것을 할 수 있느니라'고 고백한다. 더 이상 우리는 예수님을 위해 살려고 우리 자신을 새롭게 드리는 재헌신이 필요 없다. 오늘날 교회에서 우리가 할 일은 주님께 온전히 항복하는 것이다. '주님! 내 힘으로 그리스도인의 삶을 사는 것을 포기합니다. 나는 이제 절대적으로 주님을 의지하겠습니다. 내 안에서 나의 주님이 되어주십시오.' 이것이 바로 은혜의 삶이다. 그분이 우리를 통해 생명을 나타내실 때 사람들은 우리 안에 계시는 예수님을 보게 된다."

공동체와 개인 경건생활에 조화를 이루라

박민화 자매는 20대 후반을 취업과 결혼으로 심각하게 고민하며 보냈다. 그녀는 두 가지 문제 모두 자신 없었고, 실현 불가능해 보였다. 그녀는 매사에 부정적이었고, 불안과 염려로 취업도, 결혼도 다 포기하고 싶었다.

그런 와중에 유일한 도피처가 교회였다. 찬양을 드리고 말씀을 들으면서 그런 고민을 잠시나마 잊을 수 있었다. 특히나 교회 사람들은 자매를 신실하고 교회 일 열심히 하는 청년으로 인정해주었다. 그래서 좀 버거웠지만 인정받는다는 기쁨에 성가대, 주일학교 교사, 청년부 리더 등 많은 봉사를 했다. 그러나 집에 돌아오면 마음에 공허함이 다시 가득 찼다. 예배를 드리고 말씀을 들을 때는 무언가 기대감이 생겼지만 삶은 변하지 않았다. 이런 삶이 반복되면서 하나님이 무언가 해주실 것이라는 기대감도 조금씩 사라져 갔다.

자매는 그때의 마음이 현실도피에 가까웠다고 고백했다.

"교회생활을 열심히 한 것은 뭔가 위로가 되었기 때문이기도 하지만 해결할 수 없는 현실에서 도피하고 싶었던 마음이 컸던 것 같습니다. 하나님의 뜻대로 살기 위해서라기보다 감정적인 위로가 되었기 때문에 열심을 냈습니다. 교회는 다녔지만 하나님의 뜻대로 능력 있게 살지 못했고, 나의 문제에 사로잡혀 고민하던 시기였습니다."

자매는 신앙 훈련을 받으면서 하나님을 신뢰하는 마음이 생겼다. 자연스럽게 현실을 회피하는 마음을 극복할 수 있게 되었다. 믿음으로 현실을 정면돌파하는 열정도 생기게 되었다.

공동체 경건생활

: WIFE

삼위일체 공동체로 존재하시는 하나님이 사람을 공동체 속에서 살아가도록 창조하셨다. 교회 공동체에 소속되어 목회자의 지도와 성도들 사이의 친교가 없이는 성경적인 신앙생활이 불가능하다. 동시에 구원과 신앙 성장은 하나님과 자신과의 일대일 관계 속에서 이루어진다.

결과적으로 성경적인 신앙생활을 위해서는 개인적인 노력과 공동체적인 노력이 모두 필요하다. 성도는 공동체 경건생활과 개인 경건생활을 통해 성품과 삶이 예수님을 닮아가고, 다른 사람들에게 복음을 소개하며 삶의 본을 보이는 영적 지도자로 성장할 수 있다.

공동체 경건생활이란 성도가 교회 차원에서 신앙생활을 하는 것이다. 공동체 경건생활은 하나님과의 관계, 사람과의 관계 두 가지 기준으로 이루어져 있다. 하나님과의 관계에는 예배(Worship)와 양육(Instruction)이 있다. 예배는 성도들이 하나님에게 공적인 예배를 드리는 것이고, 양육은 하나님이 세우신 목회자와 지도자들이 성도의 교회, 가정, 일터 등 모든 삶의 영역을 지도하는 활동이다. 사람과의 관계에는 친교(Fellowship)와 전도(Evangelism)가 있다. 친교는 그리스도와 말씀 안에서의 성도들 간의 관계이고, 전도는 비신자들을 대상으로 복음을 전하는 활동이다. 교회는 그리스도의 신부이다(계 21:9). 이 영어단어 앞 글자를 따서 공동체 경건생활을 'WIFE'라고 부른다.

교회 공동체는 방향과 목적을 가지고 있기에 일정한 흐름을 형성하게 된다. 그래서 교회 공동체는 일종의 해류와 같다. 배가 항해를 할 때 해류를 타게 되면 많은 에너지를 절약할 수 있다. 순풍에 돛 단 것처럼 뒤에서 밀어주는 힘을 받아 항해할 수 있다. 성도 개인이 가진 에너지가 100이라면 좋은 공동체 속에서 살아갈 때 200만큼의 열매를 맺을 수 있다. 공동체가 형성한 해류를 통해 개인이 가진 한계를 뛰어 넘는 수준의 삶을 살 수 있는 기회를 얻게 된다. 반대로 공동체가 세속적이라면 50정도밖에 열매를 맺지 못할 수도 있다. 공동체는 그 성격과 수준에 따라 개인의 역량을 몇 배나 끌어 올릴 수도, 끌어내릴 수도 있다.

성경적인 공동체는 성도들이 모여 예배를 드릴 때 성령님의 은혜와 깨달음이 있다. 하나님의 뜻대로 살겠다는 결단이 지체들 가운데 자연스럽게 자리 잡는다. 영적 지도자들이 성도들을 훌륭하게 양육해서 성도들이 하나님과 친밀한 관계를 맺고 하나님의 뜻에 순종하며 살아갈 수 있도록 돕는다. 성도들이 모여 친교를 나누는 시간이 아름답고 풍성해진다. 공동체가 서로 사랑하며 따뜻한 분위기를 형성하면 자연스럽게 전도가 된다. 성경적인 공동체는 "서로 친절하게 하며 불쌍히 여기며 서로 용서하기를 하나님이 그리스도 안에서 너희를 용서하심과 같이"(엡 4:32) 살아간다.

개인 경건생활
: 베이직 라이프

개인 경건생활이란 성도가 주중에 개인적으로 신앙생활을 하는 것이다. 개인 경건생활을 '그리스도인의 베이직 라이프', 줄여서 '베이직 라이프'라 부른다. 개인 경건생활 또한 하나님과의 관계와 사람과의 관계라는 두 가지 기준으로 이루어진다. 하나님과의 관계는 하나님에게 개인적으로 기도드리고, 큐티, 통독, 암송 등을 통해 하나님의 말씀을 들음으로 유지된다. 사람과의 관계는 친교와 전도로 공동체 경건생활과 동일하다. 다른 사람과의 관계를 홀로 맺을 수는 없기 때문이다.

예수님의 좋은 제자로 살아갈 수 있는지 없는지를 결정하는 중요한 요인이 개인 경건생활이다. 공동체 경건생활은 정상적으로 교회생활을 하면 일정 수준 이상으로 하게 된다. 하지만 개인 경건생활은 주중에 스스로 결단해서 해야 하기 때문에 지속하기가 쉽지 않다. 설령 며칠 정도 열심을 내더라도 하루 이틀 바쁜 일이 생기면 어느 새 하나님을 잊어버리고 살아가게 된다.

대부분의 성도는 편하고 나태해지려는 사람의 욕망, 세속을 거스르는 어려움, 바쁜 일정 등으로 개인 경건생활을 소홀하게 된다. 그런 상태로 인생을 마감하게 된다. 하루에 기도하고 말씀을 읽는 데 30분도 시간을 들이지 않으면서 어떻게 하나님의 뜻대로 인생을 살아갈 수 있겠는가? 월요일부터 토요일까지 하나님을 잊어버리고 살면서 어떻게 하나님을 기쁘게 하는 삶을 살 수 있겠는가?

공동체 경건생활과 개인 경건생활의 조화

WIFE와 베이직이라는 두 바퀴가 맞물려 돌아갈 때 "공동체 경건생활과 개인 경건생활이 조화를 이루다"라고 말한다. 성도는 주일 예배 및 평일 소그룹과 이런저런 교회 활동 등으로 공동체 경건생활을, 주중에는 개인 경건생활을 하며 살아갈 때 건강하게 성장하는 신앙이 될 수 있다. 작은 수레바퀴는 조그마한 돌부리에도 걸리고, 얕은 웅덩이에도 빠진다. 큰 수레바퀴는 작은 돌부리, 얕은 웅덩이를 가뿐하게 넘어간다. 두 가지 경건생활의 크기가 클수록 인생의 고난을 이겨내기가 쉬워진다. 경건생활의 수레바퀴가 클수록 사소한 어려움에는 흔들림 없이 견고한 삶을 살 수 있게 된다.

공동체 경건생활을 구성하는 양육, 예배, 친교, 전도는 각각 바퀴의 살과 같은 역할을 하고, 개인 경건생활을 구성하는 말씀, 기도, 친교, 전도 역시 동일하다. 어느 한 가지 바퀴살이 약하다면 바퀴 전체가 균형을 잃게 되고 바퀴 전체가 부실하게 된다. 공동체 경건생활이 개인 경건생활보다 항상 우선한다. 개인 경건생활의 원리와 기초를 배우는 곳이 공동체이기 때문이다. 개인적인 노력만으로는 성장에 한계가 많다. 공동체 속에서 함께 생활해야 바른 방향으로 성장할 수 있다. 공동체 속에서 함께하는 활동을 통해 더욱 깊이 성장할 수 있다.

8가지 성장 비타민

공동체 경건생활과 개인 경건생활을 균형 있고 제대로 하는 것이 건강한 라이프 스타일을 형성하는 열쇠이다. 이는 5대 영양소가 우리 몸에 미치는 영향으로 비유할 수 있다. 5대 영양소는 탄수화물, 지방, 단백질, 비타민, 무기질이다. 가장 건강하게 몸을 유지할 수 있는 방법은 5대 영양소를 필요한 만큼 골고루 섭취하는 것이다. 그렇지 못한다면 몸에 이상이 생기게 된다.

만약 비타민 하나가 부족하면 다른 4가지 영양소가 충분해도 사람의 몸은 정상적으로 활동할 수 없다. 비타민 A가 부족하면 야맹증에 걸린다. 비타민 C가 부족하면 면역 기능이 떨어지고 상처 회복이 더뎌지며, 비타민 D가 부족하면 뼈가 약해지고 골다공증에 걸릴 가능성이 높아진다. 신앙 역시 성장에 필요한 영양소를 골고루 공급받으면 건강하게 성장할 수 있지만, 영양소가 부족하면 성장을 하지 못하거나 어느 부분에선가 문제가 생기게 된다.

지금까지 신앙이 바르게 성장하기 위한 방법으로 '공동체 vs 개인 관점'과 '하나님과의 관계 vs 사람과의 관계'라는 관점으로 8가지(친교와 전도는 중복) 원리를 배웠다. 8가지 원리는 성도들이 신앙생활을 하는 실제 교회 현장에서는 다양한 활동으로 나타나게 된다.

8가지 원리를 바탕으로 Part 2에서는 공동체 경건생활의 구체적인 활동으로 대그룹 예배, 소그룹 친교, 일대일 양육, 봉사, 이 네 가지를 강조한다. Part 3에서는 개인 경건생활의 구체적인 활동으로 큐티, 통독, 기도, 전도, 이 네 가지를 강조한다. 그 외 다양한 영적 활동이 있지만 8가지 활동이 보편적으로 동의할 수 있는 핵심적인 활동이라고 말할 수 있다. 구체적인 활동 8가지는 신앙 성장의 비타민이라고 비유할 수 있다. 8가지 성장 비타민을 골고루 섭취하는 그리스도인은 신앙이 건강하게 성장할 수 있다.

How?

P·A·R·T·2

공동체 경건생활로 성장하라

* * * * *

　Part 2에서는 공동체 경건생활의 구체적인 활동으로 대그룹 예배, 소그룹 친교, 일대일 양육, 봉사, 이 네 가지 성장 비타민을 중심으로 설명하고 있다.

　하나님과의 관계에는 예배(Worship)라는 활동을 강조했다. 예배는 성도들이 하나님에게 공적인 예배를 드리는 것이다.

　사람과의 관계에는 소그룹 친교, 일대일 양육, 봉사를 강조했다. 성도들은 소그룹 모임을 통해 인격적이고 친밀한 관계를 형성할 수 있다. 소그룹 모임 안에서 서로의 삶을 나누면서 신앙이 삶 속에 깊이 들어올 수 있다.

　일대일 양육을 통해서는 신앙 선배와 인격적인 관계를 형성하며 구체적이고 실제적인 변화를 도모할 수 있다. 봉사는 다른 사람을 섬기고 돕는 활동이다. 봉사를 통해 교회를 세우고, 지역 사회를 섬김으로써 하나님의 나라를 확장하는 데 기여할 수 있다.

CHAPTER. 4

성장 비타민 1 : 대그룹 예배

>>> 주일 예배는 주중의 삶을 향해야 한다

민수희 자매는 최근에 불행은 한꺼번에 온다는 말을 실감하고 있다. 남자친구와의 불화와 함께 직장에서 받는 스트레스로 인해 우울증까지 생겼다. 무엇 하나 제대로 풀리는 일도 없고 자존감까지 떨어지니 신앙생활을 제대로 하고 있는지 회의가 생겼다. 심지어 하나님이 자신을 사랑하지 않는 건 아닐까하는 생각까지 하게 되었다.

주일날 힘든 마음으로 교회에 나왔다. 예배에 참석하기 싫었지만 예배까지 빠지는 일은 스스로 용납할 수 없었다. 예배까지 빠지면 자신의 삶은 완전히 망가질 것이라는 절박함이 있었다. 찬양시간이었다. "주님과 함께하는 이 고요한 시간 주님의 보좌 앞에 내 마음을 쏟네. 모든 것 아시는 주님께 감출 것 없네. 내 맘과 정성 다해 주 바라나이다. 온 맘 다해 사랑합니다. 온 맘 다해 주 알기 원하네. 내 모든 삶 당신 것이니 주만 섬기리. 온 맘 다해." 찬양을 드렸다.

"내 모든 삶 당신 것이니 주만 섬기리. 온 맘 다해" 부분을 반복해서 부를 때 마음속에 무엇인가 뻥 뚫리는 느낌이 들었다. 막혔던 것이 쑥하고 내려가는 기분이었다. 자매는 '고통스러운 나의 삶이 내 것이 아니구나. 하나님의 것이구나'라는 사실을 분명히 깨달았다. 무엇을 붙들어야 할지, 어디로 나아가야 할지 방향을 잡을 수 있게 되었다. 마치 숨을 쉴 수 있는 공간을 발견한 느낌이었다. 우울증에 대해서도 치유에 대한 소망이 생겼다.

'주만 섬기리'를 찬양할 때 나 자신도 주만 섬기지 않는 죄인이라는 사실을 깨달았다. 하나님이 나를 긍휼히 여기는 마음이 들면서 남자친구도 긍휼히 여기시는 마음을 보게 되었다. 자기에게 섭섭하게 한 남자친구도 자연스럽게 용서하게 되었다. 내면이 강해지면서 직장 스트레스도 적극적으로 대처하게 되었다.

설교를 듣는 목적은
삶의 변화이다

대그룹 예배는 교회 공동체 전체가 모여서 드리는 공적인 예배를 말한다. 예배시간에 예수 그리스도의 은혜와 진리(요 1:14)가 선포되어, 성도들이 은혜를 받고 진리의 말씀대로 살아갈 수 있는 힘을 얻게 된다. 특별히 예배시간에는 공동체 전체를 향한 하나님의 비전과 뜻이 선포되는 자리이기 때문에 교회생활의 중심이 된다.

그리스도인은 기본적으로 매주 주일 설교를 듣는다. 교회와 개인에 따라 다르겠지만 수요 예배와 금요 예배, 새벽기도회까지 포함하면 일주일에 몇 편의 설교를 평생 들으면서 신앙생활을 한다. 어떤 이는 설교를 통해 은혜를 받으면서 신앙이 성장하지만 어떤 이는 수십 년 설교를 들어도 변화가 없는 경우도 있다. 설교를 듣는 목적이 무엇인가를 점검해야 할 필요가 있다.

예수님의 반석 비유에서 설교를 듣는 목적을 명확하게 깨달을 수 있다.

"그러므로 누구든지 나의 이 말을 듣고 행하는 자는 그 집을 반석 위에 지은 지혜로운 사람 같으리니 비가 내리고 창수가 나고 바람이 불어 그 집에 부딪치되 무너지지 아니하나니 이는 주추를 반석 위에 놓은 까닭이요 나의 이 말을 듣고 행하지 아니하는 자는 그 집을 모래 위에 지은 어리석은 사람 같으리니 비가 내리고 창수가 나고 바람이 불어 그 집에 부딪치매 무너져 그 무너짐이 심하니라"(마 7:24-27).

예수님의 반석 비유는 이렇게 해석할 수 있다. '나의 이 말'은 예수님의 설교를, '그 집을'은 그 사람의 인생을, '듣고 행하는 것'은 순종하며 사는 것, '반석 위에 지은'은 어려움이 닥쳐도 삶이 위태롭지 않은, '부딪치되'는 반드시 인생에 어려움이 부딪쳐 올 때가 있다는 뜻이다. 결국 예수님이 하신 말씀을 듣고 지켜 순종하며 살면 닥쳐오는 어려움이 있더라도 반석과 같이 흔들리지 않고 살아갈 수 있다는 뜻이다. 설교를 듣는 목적은 말씀을 듣고 행하는 것에 있다.

반석 비유에서 중요한 포인트는 '자기 집을 모래 위에 지은 어리석은 사람'은 예수님을 설교를 듣지 않은 사람이 아니다. 오히려 그 반대이다. 모래 위에 지은 사람은 예수님의 설교를 들었지만 말씀대로 행하지 않은 사람이다. 즉 자기 인생을 반석 위에 지은 사람과 모래 위에 지은 사람은 신자와 불신자가 아니라 설교를 들은 신자들 중에서 나뉘게 된다. 불신자는 반석 위에 지은 자이든 모래 위에 지은 자 중에 속하지도 못한다. 성도들의 문제는 설교를 듣는다고 모든 성도의 삶에 변화가 일어나는 것이 아니라는 점이다. 평생 신앙생활하면서 설교를 수십 년 들은 사람들의 삶이 얼마나 예수님을 닮아가고 있는가?

설교의 직접적인 목적은 진리의 전달이다. 설교자는 예수님이 분부하신 모든 말씀을 가르쳐 지켜야 할 의무가 있고(마 28:20), 회중은 너는 배우고 확신한 일에 거해야 할 책임이 있다(딤후 3:14). 하나님의 진리를 선포하고, 선포된 진리와 삶을 연결시켜주는 역할을 교회 공동체가 한다. 교회 공동체는 하나님이 성도에게 주시는 큰 은혜이다. 하나님은 공동체를 통해 개인이 할 수 없는 일을 하신다.

강이나 바다 물결을 거슬러 헤엄치는 일이 얼마나 힘든가! 그리스도인의 삶은 세상 물결을 거슬러 올라가는 삶이다. 세상의 물결을 거슬러 살아가는 그리스도인이 힘든 것은 당연하다. 반대로 세속적인 가치관을 따르면서 세상 물결과 같은 방향으로 헤엄치는 일은 쉽다. 설교는 그리스도인이 세상을 거슬러 헤엄칠 수 있는 힘을 주시는 하나님의 방편이다. 그리스도인 개인이 자기 힘으로 세상 물결을 이길 수는 없다. 성령의 흐름 위에, 진리의 흐름 위에 헤엄칠 때 비로소 그리스도인은 세상 물결을 거슬러 올라갈 수 있다.

설교를 하거나 들을 때 주의해야 하는 점이 몇 가지 있다.

첫째, 쉬운 설교만을 원하는 태도이다. 성경의 진리 가운데는 쉬운 것도 있고, 어려운 것도 있다. 어려운 진리는 아무리 쉽게 말해도 어려울 수밖에 없다. 수학에서 미분·적분을 아무리 쉽게 설명해도 어려울 수밖에 없는 것과 같다. 하물며 사람이 감각으로 경험하지 못한 영적인 진리, 하늘나라의 진리가 어찌 쉬울 수가 있겠는가?

설교에 대해 어렵든지 쉽든지 간에 성도는 진리를 배우겠다는 태도를 취해야 한다. 그래야만 중요한 성경의 가르침을 놓치지 않는다. 요한복음 6장에서 예수님은 오병이어의 기적을 행하시고, 예수님의 살은 참된 양식이요, 예수님의 피는 참된 음료라고 가르치셨다. 예수님의 살과 피를 먹어야만 영생을 얻을 수 있다는 가르침에 사람들은 "이 말씀은 어렵도다. 누가 들을 수 있느냐"(요 6:60)라고 반응했다. 예수님의 가르침을 어렵다고 반응한 사람들은 결국 예수님을 떠나가고, 다시는 함께하지 않았다. 모든 진리가 쉬울 수는 없다. 쉬운 설교에만 반응하는 사람은 진리에 도달할 수 없게 될 수도 있다.

둘째, 재미있는 설교를 원하는 태도이다. 사람이 듣기에 재미있는 구성, 재미있는 예화는 하나님 말씀의 본질이 아니다. 듣는 사람의 재미가 아니라 하나님의 진리가 선포되어야 한다. 그리스도인은 영적인 재미를 추구해야 한다. 예를 들어 횟집에서는 회 맛이 본질이다. 횟집에서 초장 맛이나 고추냉이 맛으로 회를 먹는 사람은 회의 진정한 맛을 알지 못하는 사람이다.

셋째, 현대의 설교가 감동에 치중되는 경향이 있다. 성도들도 감정적인 만족감을 채워질 때 소위 '은혜로운 설교'였다고 평가한다. 이런 분위기에 휩쓸리게 되면 목회자는 '은혜를 끼치기' 위해 조급해지게 되고, 결국 '말씀의 은혜'가 아니라 '예화의 감동'을 추구하게 된다. 감동만 있고 진리, 즉 '성경적인 삶의 기준'이 없다면 성도들이 일상에서 하나님과 동행하는 삶이 실제적으로 어렵게 된다. 감동은 받았지만 교회 문을 나서면서 잊히는 설교가 아니라 주중에 설교 말씀대로 살아가는 데 설교의 목적을 두어야 한다.

넷째, 이미 알고 있는 말씀에 대한 순종보다 새로운 내용을 듣기를 원하는 태도이다. 성경의 내용은 정해져 있고, 성도들은 평생 설교를 듣는다. 설교를 들을수록 성도들은 성경 내용에 대해 익숙해지고 지식이 쌓인다. 어떤 이는 이전에 몇 번 들었던 내용을 아는 척하는 경우가 있다. 진리를 듣고 이해할 수 있는 것과 그것을 진실로 아는 것은 다르다. 진리를 안다는 것은 자신의 말로 설명할 수 있어야 하며 자신의 삶으로 살아낼 수 있다는 뜻이다.

이전에 모태신앙이고 나이가 서른 살 정도인 한 형제와 대화한 적이 있었다. 내가 그에게 "하나님과 친밀한 관계가 가장 우선이다. 하나님과의 관계 속에서 우리에게 주시는 말씀에 순종하는 것이 신앙의 핵심이다"라고 신앙의 본질을 자세히 설명해주었다. 그런데 그는 내가 하는 말이 자기 생각이랑 똑같다고 식상해했다. 나는 어이가 없었다. 왜냐하면 그의 수준은 예배에는 참석하지만 큐티나 기도 등 개인 경건생활은 전무한 상태였기 때문이었다. 그 말씀을 이전에 들어 보았다는 사실은 전혀 중요하지 않다. 내가 그 말씀대로 지금 이곳에서 살고 있지 않다면 전혀 의미가 없기 때문이다.

경배와 찬양을 받기에 합당하신 하나님

로렌스 형제는 「하나님의 임재 연습」(브니엘)에서 신령과 진정으로 예배하는 방법을 다음과 같이 설명했다. "하나님을 신령과 진정으로 예배한다는 것은 첫째, 그분을 본래의 마땅한 자세로 예배하는 것을 뜻한다. 하나님은 영(Spirit)이시기 때문에 그분께 드려지는 예배도 신령으로(in spirit) 드려지는 것이라야 한다. 둘째, 그분을 그분으로, 우리를 우리로 인정한다는 말이다. 하나님을 진정으로 예배한다는 말 속에는 우리 마음이 실제로 하나님을 끝없이 완벽하시고, 우리의 찬송을 받기에 합당하신 분으로 본다는 의미가 포함된다. 셋째, 우리의 본성이 하나님과는 완전히 반대라는 사실을 인정한다는 의미이다. 그러나 그분은 우리가 받아들이기만 한다면 우리를 당신 자신과 같이 되게 해주시기를 원하신다."

경배와 찬양은 구원받은 하나님 백성의 권리이자 의무이다. 경배란 '공경하여 겸손히 절함'을 뜻한다. 주로 몸으로 표현된다. 찬양이란 '아름답고 훌륭함을 크게 기리고 드러내거나 칭찬함'을 뜻한다. 찬양은 음악, 건축, 미술 등 다양한 예술적인 장치를 통해서 표현될 수 있으며, 예배시간에는 주로 노래로 표현되고, 찬송과 비슷한 의미로 많이 쓰인다. 그런 의미에서 몸으로 표현되는 경배는 하나님의 눈을 향하고, 목소리로 표현되는 찬양은 하나님의 귀를 향한다.

하나님은 사람에게 경배와 찬양을 요구하신다. 하나님은 이 세상을 만드신 분이고, 사람들을 구원하신 분이기 때문이다. 하나님의 창조주 되심과 구세주 되심은 하나님을 찬양하는 가장 중요한 이유가 된다. "죽임을 당하신 어린양은 능력과 부와 지혜와 힘과 존귀와 영광과 찬송을 받으시기에 합당하도다"(계 5:12).

누가 하나님을 찬양할 수 있는가? 하나님을 만난 사람만이 찬양할 수 있다. 하나님 앞에 선 사람만이 찬양할 수 있다. 하나님을 아는 사람만이 하나님을 아는 만큼 찬양할 수 있다. 찬양하기 힘든 사람, 예배드리기 힘든 사람은 하나님을 만나지 못한 사람이다. 그래서 찬양은 해야 하는 게 아니라 할 수밖에 없는 것이다.

경배와 찬양은 영원하다. "이제부터 영원까지 여호와의 이름을 찬송할지로다"(시 113:2). 천국에서도 하나님을 향한 경배와 찬양은 끊임없이 계속된다. 천국에서 영원한 시간 동안 반복해서 할 수 있는 한 가지가 있다면 그것은 하나님을 향한 경배와 찬양일 것이다.

경배와 찬양의 내용은 하나님의 성품과 행하신 일이다. "여호와의 인자하심과 인생에게 행하신 기적으로 말미암아 그를 찬송할지로다"(시 107:8). 하나님을 믿는 사람은 그 믿음으로 인해 하나님이 어떤 분이신지 알 수 있고, 하나님이 하시는 일을 경험할 수 있다. 그 결과 하나님을 경배하며 찬양드린다.

하나님의 가장 중요한 성품은 사랑이다. 하나님은 사랑이시다(요일 4:8). 그래서 사랑을 모르는 사람은 하나님을 알지 못한다. 하나님의 사랑은 먼저 하는 사랑이며(요일 4:19), 끝까지 하는 사랑이다(요 13:1). 사랑의 성품을 가지신 하나님은 죄인 된 우리를 먼저 사랑하시고, 우리의 죄를 해결하기 위해 독생자 예수 그리스도의 목숨까지 우리에게 주셨다.

하나님은 선하신 성품을 가지셨다. 선하신 하나님은 선하지 않은 사람들에게 선한 것을 주신다. 그 결과 하나님은 자기 자신까지 내주신다.

"너희가 악할지라도 좋은 것을 자식에게 줄 줄 알거든 하물며 너희 하늘 아버지께서 구하는 자에게 성령을 주시지 않겠느냐 하시니라"(눅 11:13).

우리가 하나님에게 구할 때 하나님은 응답하실 뿐만 아니라 가장 귀한 성령까지 충만하게 부어주신다. 하나님이 우리에게 주시는 것 중에서 가장 큰 것은 하나님 자신이다.

하나님은 전지전능하시고 영원불변한 존재이시다. 전지전능하신 하나님은 우리의 인생을 가장 선한 길로 인도하신다. 그리고 하나님이 생각하시는 최선의 길은 사람이 생각하는 최선과 다를 수 있다. 하나님은 우리 자신보다 우리를 더 잘 아신다. 하나님은 우리 자신보다 우리의 인생에 대해 더 잘 아신다. 우리가 하나님을 신뢰해야 하는 이유가 여기에 있다.

하나님을 만난 사람들은 하나님이 행하신 일을 경험하게 된다. 하나님을 경험했던 사람들은 자신의 경험을 통해 하나님의 이름을 알게 된다. 반대로 하나님의 이름을 안다는 것은 하나님을 체험했음을 뜻한다. 그리고 하나님을 만난 사람들은 하나님의 이름을 찬송할 수밖에 없다. "대대로 주께서 행하시는 일을 크게 찬양하며 주의 능한 일을 선포하리로다"(시 145:4).

모세는 시내산에서 '여호와' 하나님을 만났다. 하나님은 모세에게 애굽으로 돌아가서 이스라엘 백성들을 해방시키라고 명령하셨다. 모세는 하나님께 이름을 물어보았다. "내가 이스라엘 자손에게 가서 이르기를 너희의 조상의 하나님이 나를 너희에게 보내셨다 하면 그들이 내게 묻기를 그의 이름이 무엇이냐 하리니 내가 무엇이라고 그들에게 말하리이까"(출 3:13).

"하나님이 모세에게 이르시되 나는 스스로 있는 자이니라. 또 이르시되 너는 이스라엘 자손에게 이같이 이르기를 스스로 있는 자가 나를 너희에게 보내셨다 하라"(출 3:14). 하나님은 모세에게 '스스로 있는 자'라고 소개하셨다. 히브리어로는 '하야 아쉐르 하야'이고, 영어로는 'I am who I am'이라고 번역한다. 우리말로는 '나는 나인 존재이다' '나는 나다'라는 뜻으로 해석할 수 있다.

기드온은 '여호와 샬롬'을 경험했다. 사사시대에 미디안 군사들이 이스라엘을 쳐들어와서 착취했다. 천사가 기드온에게 찾아와 "큰 용사여 여호와께서 너와 함께 계시도다"라고 말했다. 기드온은 천사의 말에 동의할 수 없었다. "여호와께서 우리와 함께 계시다면 어찌하여 이 모든 일이 우리에게 일어났나이까? 또 우리 조상들이 일찍이 우리에게 이르기를 여호와께서 우리를 애굽에서 올라오게 하신 것이 아니냐 한 그 모든 이적이 어디 있나이까? 이제 여호와께서 우리를 버리사 미디안의 손에 우리를 넘겨주셨나이다." 기드온의 마음속에는 의문이 가득했다. 하지만 하나님의 살아계심과 기드온에게 나타나신 의도는 분명했다. 하나님은 "너는 가서 이 너의 힘으로 이스라엘을 미디안의 손에서 구원하라. 내가 너를 보낸 것이 아니냐?"라며 기드온을 격려하셨다. 기드온은 바위에서 불이 나와 제물을 불사르는 이적을 보고 하나님의 뜻을 확신했다.

기드온은 여호와를 위해 거기서 제단을 쌓고, 그것을 '여호와 샬롬'이라 이름 붙였다(삿 6:24). '여호와 샬롬'은 '여호와는 평강이시다'라는 뜻이다. '여호와 샬롬'은 기드온이 하나님과 자신 사이에 모든 일이 화평하게 된 것을 기념하여 이름 붙였으며, 기드온을 통해 이스라엘 백성들이 누릴 전쟁으로부터의 평화를 내포하고 있다.

아브라함은 '여호와 이레'를 경험했다. 아브라함은 100세에 이삭을 낳았다. 이삭이 장작을 지고 산을 올라갈 수 있을 만큼 컸을 무렵, 하나님은 아브라함에게 이삭을 번제로 바치라고 명령하셨다. 아브라함은 즉시 순종했고, 하나님은 아브라함의 믿음을 인정해주셨다. 그리고 하나님은 아브라함에게 이삭 대신 숫양을 준비하여 번제로 바치도록 하셨다. '여호와 이레'는 '여호와께서 준비하셨다'라는 의미이다.

모세는 이스라엘 백성들을 데리고 출애굽한 이후 광야에서 아말렉 군대와 전쟁을 벌였다. 모세가 하나님의 도우심으로 아말렉 군대를 무찌른 후 제단을 쌓고 '여호와 닛시'라고 이름 붙였다. '여호와 닛시'는 '여호와는 나의 깃발'이라는 뜻으로 아말렉 군대와 싸워

승리한 기념으로 이름 지었다.

　하나님을 향한 경배와 찬양은 능력이 있다. 자신과 다른 사람들의 하나님 체험이 지금 이곳에서 현재화된다. 경배와 찬양을 통해 자신의 체험이 다른 사람에게로, 다른 사람의 체험이 자신에게로 흘러 들어온다. 하나님 체험은 경배와 찬양을 통해 현재화되고 다른 사람에게로 흘러간다. 우리가 찬양을 할 때 감동과 깨달음과 확신을 얻는 이유이다.

　우리가 찬양하면 어떤 일이 일어나는가? 첫째, 내 안에 계신 성령께서 활발하게 일하신다. 성령께서 나의 찬양을 기쁘게, 신나게, 흐뭇하게 즐기신다. 성령께서 내 영혼을 가득 채우게 된다. 이것이 성령 충만이다. 성령과 나의 영혼이 공명되며 연합된다. 성령과 하나 되어 가는 이유는 찬양의 내용이 말씀과 기도이기 때문이다. 찬양의 내용은 보통 성경에 근거한 내용이며, 우리가 닮아가야 할 예수 그리스도의 모습에 대한 기준을 제시한다. 찬양을 많이 할수록 예수님을 닮아갈 수 있는 성령의 능력을 받게 된다.

　찬양을 하면 둘째, 사람의 생각, 감정, 의지가 회복되고, 마음이 회복된다. 찬양을 통해 작곡가, 작사가, 부르는 사람의 하나님 체험을 서로 공유할 수 있다. 성령의 기름 부으심이 듣는 사람과 부르는 사람 모두에게 함께 임한다. 성경적인 가사와 영감을 통해 선명하게 하나님과 자신, 그리고 세상을 인식할 수 있게 된다. 하나님의 지식과 하나님의 시각으로 세상을 바라보게 된다. 찬양을 부르면서 깊은 평안함과 만족감, 담대함을 경험하게 된다. 경우에 따라 격렬한 회개가 동반될 수도 있다. 이런 과정을 통해 삶에 대한 열심이 생긴다. 인생의 목적이 하나님을 향하게 되고, 열심히 달려갈 마음이 생긴다. 삶의 목표가 없고 하나님을 만나지 못한 사람이 경험하는 허무감을 극복할 수 있게 된다.

하나님을 경배하고 찬양하라. 너무 지쳐서 하나님을 추구하기가 어려울 때, 너무나도 낙심되어 기도할 힘조차 없을 때, 세파에 찌들어 성경 읽을 시간마저 빼앗길 때, 그럴 때일수록 더욱 찬양하라. 그리하면 내 안에서 일하시는 하나님, 오늘도 일하시는 하나님, 나에게 능력을 베푸시는 하나님을 경험하게 될 것이다.

삶의 예배에
목숨을 걸라

예배의 본질이 무엇인가 하는 것은 신앙과 삶의 방향을 결정하는 아주 중요한 문제이다. 미가서에는 하나님이 기뻐 받으시지 않는 예배가 나온다. "내가 무엇을 가지고 여호와 앞에 나아가며 높으신 하나님께 경배할까. 내가 번제물로 일 년 된 송아지를 가지고 그 앞에 나아갈까. 여호와께서 천천의 숫양이나 만만의 강물 같은 기름을 기뻐하실까. 내 허물을 위하여 내 맏아들을, 내 영혼의 죄로 말미암아 내 몸의 열매를 드릴까"(미 6:6-7).

하나님이 기뻐 받으시지 않는 예배의 첫 번째는 '1년 된 송아지로 드리는 번제물'이다. 이는 백성 개인이 하나님에게 드리는 제물을 뜻한다. 지금은 주일 헌금과 같이 보편적이고 평균적인 신앙을 가진 성도들이 드리는 예물로 생각할 수 있다.

두 번째는 '천천의 수양, 만만의 강물 같은 기름'이다. 이는 왕이 드리는 제물을 뜻한다. 솔로몬은 왕이 되자마자 기브온 산당으로 가서 그 제단에서 일천 마리의 번제를 드렸다(왕상 3:4). 또 솔로몬 왕은 성전을 완공하고 소 이만 이천 마리, 양 십이만 마리를 제물로 드렸다(대하 7:5).

세 번째는 '맏아들을 드리는 제사'이다. 이는 '몰렉'이라는 우상을 섬겼던 가나안 사람들의 제사법이었다. 자신이 얻고자 하는 것을 위해 자신이 가장 소중히 여기는 자식을 대가로 치르는 인신제사였다. 사람은 하나님의 형상대로 창조되었기에 이 제사법은 하나님이 매우 가증스럽게 여기시는 방식이다.

하나님은 사람들에게 받기를 기대하시는 예배 방식을 이어서 말씀하셨다. "사람아 주께서 선한 것이 무엇임을 네게 보이셨나니 여호와께서 네게 구하시는 것은 오직 정의를 행하며 인자를 사랑하며 겸손하게 네 하나님과 함께 행하는 것이 아니냐"(미 6:8).

하나님이 기뻐하시는 예배의 첫 번째는 '공의를 행하는 것'이다. 대부분의 세상 사람은 자기 이익을 따라 움직인다. 그러나 그리스도인은 "무엇이 나에게 이익인가?"가 아니라 "무엇이 옳은가?"를 따라 움직여야 한다. 세상 사람들이 기독교를 볼 때 이기적인 종교로 본다. 교회를 또 하나의 이익집단으로 간주한다. 기독교는 이러한 비판에서 자유롭지 못한 것이 사실이다. 교회에 다니는 목적이 무엇인가? 나의 이익인가? 아니면 진리 추구인가?

두 번째는 '인자를 사랑하는 것'이다. '인자'는 히브리어 '헤세드'를 번역한 말이다. 헤세드란 하나님과 사람의 언약적인 사랑을 뜻한다. 예수 그리스도를 믿는 새언약 안에 있는 사람을 사랑하시는 하나님의 사랑을 헤세드라 부른다. 하나님은 예수 그리스도의 보혈을 귀히 여기는 사람을 귀하게 여기신다. 하나님과 사랑의 관계를 추구하는 사람을 사랑하신다.

세 번째는 '겸손히 하나님과 동행하는 것'이다. 하나님과 동행하는 삶은 하나님을 따르는 사람이 궁극적으로 추구해야 하는 방향이다. 하나님은 항상 우리와 함께하신다. 하나님은 우리와 함께하시길 기뻐하신다. "내가 여호와를 항상 내 앞에 모심이여 그가 나의 오른쪽에 계시므로 내가 흔들리지 아니하리로다"(시 16:8).

하나님과 동행하는 사람은 자기 목적, 자기 비전이 아니라 하나님의 목적, 하나님의 비전을 추구한다. 사람이 가진 자기 목표와 자기 비전은 하나님의 큰 비전 안에 있을 때 영원한 의미를 갖는다. 사람의 목표가 하나님의 비전 밖에 있을 때는 단지 인간적인 목표일뿐이며 유한한 계획일 뿐이다. "사람의 마음에는 많은 계획이 있어도 오직 여호와의 뜻만이 완전히 서리라"(잠 19:21).

사람이 하나님과 동행하면 자기 힘으로는 살 수 없는 삶을 살 수 있다. 자기가 꿈꾸지도 못했던 삶을 살 수 있다. 하나님과 동행하는 그리스도인은 자기가 소유한 자원으로만, 자기 힘으로만 사는 것이 아니라 하나님의 자원과 힘으로 산다. 그는 자신의 계획과 자신의 생각이 하나님보다 앞서지 않으려고 주의한다. 사람의 생각과 하나님의 생각은 차이가 많다. 그는 이 사실을 잘 알고 있다. "이는 내 생각이 너희의 생각과 다르며 내 길은 너희의 길과 다름이니라. 여호와의 말씀이니라. 이는 하늘이 땅보다 높음 같이 내 길은 너희의 길보다 높으며 내 생각은 너희의 생각보다 높음이니라"(사 55:8-9). 하나님은 하나님의 페이스에 맞는 동행을 요구하신다.

동시에 하나님은 성도를 어린양과 같이 젖먹이는 암컷과 같이 돌보신다. 목자가 양떼 가운데서도 가장 약한 자를 더욱 신경 써서 돌보는 것과 같다. 하나님은 그의 자녀를 몰아붙이지 않으신다. "그는 목자같이 양 떼를 먹이시며 어린양을 그 팔로 모아 품에 안으시며 젖먹이는 암컷들을 온순히 인도하시리로다"(사 40:11).

결론적으로 하나님이 기뻐하시는 예배는 공의를 행하고, 인자를 사랑하며, 겸손히 하나님과 동행하는 것이다. 예배의 본질이란 결국 삶 자체를 하나님의 뜻대로 드리는 것이라고 정의할 수 있다. 삶은 예배를 추구하고 예배는 삶을 지향한다.

영성신학자 리처드 포스터는 「영적 훈련과 성장」(생명의말씀사)에서 예배는 거룩한 순종 가운데 끝난다고 강조했다. "예배는 거룩한 기대 가운데 시작되는 것처럼, 거룩한 순종 가운데 끝난다. 만일 예배가 우리를 더 큰 순종으로 이끌지 못한다면 그것은 진정한 예배가 아니다. 거룩하신 하나님 앞에 선다는 것은 변화한다는 것이다. 거룩한 순종은 예배가 마취제가 되지 않도록 한다. 현실 도피가 되지 않도록 하는 것이다. 진정한 예배는 우리로 개인적 차원, 사회적 차원, 제도적 차원에서 마귀의 세력과 싸우는 어린양의 전투에 가담하도록 만든다."

CHAPTER. 5

# 성장 비타민 2 : 소그룹 친교
>>> 성도들의 교제를 통해 친밀해진다

최바울 형제는 모태신앙으로 어릴 때부터 다양한 소그룹을 경험했다. 한번은 신앙에 대해 별로 관심 없는 멤버가 많은 소그룹에 속한 때가 있었다. 그 모임 멤버들은 말씀 나눔에는 지루해 하고 연애나 돈, 인간관계에 대해서만 주로 관심을 가졌다. 가끔 신앙에 대한 나눔을 하는 경우에도 유익함 없이 무의미한 논쟁에 빠지곤 했다. 어떤 형제는 말씀대로 살려는 노력은 없고, 1년 내내 힘들다는 이야기만 했다. 바울 형제는 많은 이야기를 하고 나서도 마음이 공허해지는 경우가 잦았다.

바울 형제에게 제일 좋았던 소그룹 경험은 서로의 삶에 관심을 기울이면서도 은혜받은 말씀을 나누는 모임이었다. 신앙에 열정이 되는 소그룹 멤버들이 설교와 큐티 말씀으로 한 주를 살았던 이야기를 듣고 있노라면 형제에게도 동일한 은혜를 부어주시는 듯한 느낌을 받았다. 또한 형제가 회사에서 겪고 있는 어려움을 나누었을 때 지체들이 격려해주고 성경적인 해결책을 찾고자 함께 고민했을 때 큰 감동을 받았다.

소그룹 친교를 통해
역동적인 관계 형성이 가능하다

소그룹은 3인 이상이 모인 그룹이다. 보통 5~10명 정도의 성도가 모여 삶, 설교, 사역을 나누며 서로를 격려하고 교제하는 모임이다. 소그룹 모임은 매주 혹은 격주로 모이면서 인격적인 관계를 맺는다. 친밀한 관계 속에서 나누는 생각과 감정이 구성원의 마음속에 깊이 박히기에 강력한 힘이 있다.

소그룹은 리더와 멤버의 수준에 따라 모임의 의미와 유익이 극과 극으로 나뉘는 특징이 있다. 소그룹으로 모인다고 해서 모두 좋은 모임은 아니다. 서로 비인격적으로 대하거나 비성경적인 나눔을 한다면 오히려 모이지 않는 것보다 못한 경우도 있다. "너희의 모임이 유익이 못되고 도리어 해로움이라"(고전 11:17).

성도들은 '소그룹 친교'를 통해 말씀대로 살아온 한 주간의 삶을 나눈다. 소그룹에서의 나눔은 도시락을 함께 먹는 것과 같다. 각자가 맛있는 밥과 반찬을 준비해서 꺼내 놓으면 먹을 것이 풍성하고 즐겁다. 좋은 것을 함께 나눌 때 새로운 기쁨이 생긴다. 반대로 각자가 내놓을 것이 별로 없다면 서로 민망할 뿐이고, 그 상황에서 빨리 벗어나고 싶어질 것이다. 그래서 풍성한 나눔이 될 수 있도록 멤버들이 무엇을 나눌지 미리 준비해 와야 한다.

좋은 소그룹에서는 지체들의 삶 가운데 역사하셨던 하나님의 지혜와 능력이 소그룹의 풍성한 나눔 가운데 재현된다. 지체들 가운데 역사하셨던 하나님의 은혜와 진리가 듣는 사람들에게 감동이 되고 마음에 심겨진다. 간증을 들으면서 '나도 저렇게 살고 싶다'는 열망이 생기게 된다. 이런 모임이 반복되고 감동이 반복되면 결국 신앙과 삶이 성숙하게 된다.

건강하지 못한 소그룹의
3가지 특징

건강하지 못한 소그룹은 다음과 같은 특징이 있다.

첫째, 세속적인 세계관을 확대 재생산한다. 소그룹 멤버들이 성경적인 가치관과 세속적인 가치관을 분별하지 못하거나 그렇게 살아가려 노력하지 않는다면 오히려 부정적인 영향이 더 클 수 있다. 세속적인 가치들을 매주 나누고 서로의 마음속에 깊이 심을 수 있다. 친밀하기 때문에 역설적이게도 서로에게 부정적인 영향을 더욱 강하게 줄 수 있다.

세속적인 세계관의 대표적인 것이 육신의 정욕, 안목의 정욕, 이생의 자랑이다(요일 2:16). 육신의 정욕은 성욕, 식탐 등이고, 안목의 정욕은 물질욕, 이생의 자랑은 권력욕, 명예욕 등을 의미한다. 사실 우리 삶에 돈은 필수이기에 직업적으로 성공하고 부자가 될 수 있다면 논란의 여지없이 좋은 일이다. 열심히 노력해서 인정받고, 고액 연봉을 받는 것은 정당하다. 하지만 하나님보다 더 중요하게 여기는 것이 있다면 탐심이고, 탐심은 우상 숭배이다(골 3:5). 소그룹 나눔 가운데 교묘하게 '탐심'을 드러내고 '부러움'을 자극하는 경우가 많다.

대학청년부 사역자들 사이에 '깔때기 이론'이 회자된다. 청년들 사이의 나눔은 결국 '연애' '결혼'으로 흐른다는 이론이다. 건강하지 못한 소그룹은 연애를 이야기하되 성경적인 관점이 아니라 세속적인 기준을 나열하고, 우월감과 열등감을 느끼며, 부러움과 질투를 야기하는 경우가 많다.

둘째, 건강하지 못한 소그룹은 자기 사랑, 자기 자랑을 주로 나눈다. 건강하지 않은 소그룹은 간증을 빙자하여 자랑한다. 하나님은 세속적인 것으로 자랑하지 말라고 하셨다(고전 3:21). 간증을 듣는 사람이 소외감, 박탈감을 느끼지 않도록 주의해야 한다.

누군가가 "우리 아이가 이번에 서울대에 입학했어요. 하나님의 은혜예요"라고 나눌 수 있다. 하지만 조심할 필요가 있다. 왜냐하면 지체들 중 대학 입시에 실패한 자녀가 있을 수 있기 때문이다. 자녀가 대학 입시에 실패했다면 그는 다른 사람의 입시성공 간증을 들을 때 마음이 어려울 것이다. 마음속에 하나님에 대한 원망과 섭섭함이 들 수도 있다. 자신을 배려하지 않는 공동체가 원망스러울 것이며, 괜히 자기 아이를 탓하게 된다. 서울대에 입학했다면 마땅히 축하받을 일이지만 공동체 안의 다른 지체들이 상처받지 않도록 때와 장소를 가릴 줄 아는 배려가 필요하다.

성공담과 간증은 다르다. 성공담은 자기 자랑을 하는 것이고, 간증은 하나님이 하신 일을 높이는 것이다. 성공담을 이야기하면 박탈감을 느끼거나 상처받는 사람들이 나온다. 그러나 간증을 하면 상처받는 사람 없이 하나님께서 영광을 받으신다. 하나님의 사랑과 은혜가 공동체 가운데 흐르는 것을 모두 경험하게 된다.

셋째, 건강하지 못한 소그룹은 서로 우월감이나 열등감을 느끼게 된다. 지체 중 한 사람이 잘되면 열등감을 느낀다. 잘되는 꼴을 못 보고 폄하, 시기, 질투하는 사람도 있다. 건강하지 못한 소그룹 멤버들은 자기가 잘될 때는 자랑하고, 다른 사람이 잘될 때는 시기, 질투하면서 깎아내리는 일을 반복한다. 그런 소그룹은 공동체로서 의미를 상실하게 된다.

건강한 소그룹의 3가지 특징

건강한 소그룹은 다음과 같은 특징이 있다. 첫째, 성경적인 세계관을 확대 재생산한다. 건강한 소그룹은 삶 속에서 경험되는 말씀을 나눈다(벧전 4:11). 자연스럽게 사람의 관점이 아니라 하나님의 관점으로 세상을 바라보게 된다. 정상적으로 공동체 경건생활, 개인 경건생활을 하며 항상 기도하거나 생각나는 말씀이 몇 개 이상은 있다. 최근 붙들고 있는 말씀이 없다면 하나님과 친밀하지 못하며 동행하지 않는다는 의미이다.

건강한 소그룹에서는 자기 삶을 이야기하되 말씀대로 살기 위해 몸부림쳤던 한 주간의 삶을 나눈다. 하나님의 뜻대로 살았던 삶을 나눌 수 있다면 매우 좋겠지만 매주 그렇게 살기는 힘들다. "일터에서 주님이 원하시는 태도가 이것이라고 생각했지만 순종하지 못했다. 이번 주에 기도하고 결단하며 순종하겠다"라는 정도의 나눔이면 매우 훌륭하다. 건강한 소그룹은 주님의 말씀대로 삶을 살려는 노력과 결과를 나누며 서로 격려한다.

의미 있는 모임이 가능하기 위해서는 나눌 내용을 준비해서 참석해야 한다. 대그룹 설교 말씀, 일대일 양육 때 깨닫고 적용한 말씀, 주중 개인 경건생활 중에서 은혜받거나 순종한 말씀과 삶을 준비해서 모인다면 서로에게 매우 유익하다. 주중에 내가 경험한 말씀을 나눌 때 내가 받았던 말씀의 은혜와 능력을 지체들이 동일하게 경험하게 된다. 하나님의 감동이 새롭게 재현되어 그 말씀이 지체들에게 위로와 격려가 되고 삶이 된다.

둘째, 건강한 소그룹은 자기만족이 아니라 다른 사람들의 유익을 추구한다. 소그룹으로 나누는 시간은 말하는 자신을 위한 시간이 아니라 듣는 지체들을 위한 시간이다. 주님은 누구든지 무엇을 하든지 자기의 유익을 구하지 말고, 다른 사람들의 유익을 구하라고 하셨다(고전 10:23-24).

자기가 하고 싶은 말을 하고, 자기가 하고 싶은 대로 행동하면 당장은 편하지만 아무도 참석하고 싶지 않은 소그룹이 될 것이다. 지체들을 배려할 때 나도 배려받는다. 지체들이 풍성한 나눔을 경험할 수 있도록 멤버 모두가 준비한다면 모두가 풍성함을 얻을 것이다. 내가 하고 싶은 말을 하는 것이 아니라 지체들이 들었을 때 은혜가 되고 격려가 되는 나눔을 해야 하는 이유가 여기에 있다.

셋째, 건강한 소그룹은 서로 축복하고 위로한다. 서로에게 좋은 일이 생겼을 때는 시기 질투하지 않고 축하하고 축복한다. 나쁜 일이 생겼을 때는 위로하고 격려한다. "한 사람이면 패하겠거니와 두 사람이면 맞설 수 있나니 세 겹 줄은 쉽게 끊어지지 아니하느니라"(전 4:12). 건강한 소그룹은 모두가 참석하고 싶어 한다. 모임시간이 즐겁고 유쾌하다. 좋은 소그룹에 소속되어 감사하다는 안정감을 준다. 모임을 마치고 집으로 돌아가는 발걸음이 가볍고, 다음 모임이 기다려진다.

네비게이토선교회의 여러 중요한 직책을 맡아온 리로이 아임스는 「그리스도인 성장의 열쇠」(네비게이토출판사)에서 구원의 확신 근거로 성도들 사이의 교제에 대한 열망을 지적했다. "구원받은 자는 확신을 가질 수 있습니다. 같은 그리스도인들에 대한 진정한 사랑이 그 증거들 중 하나입니다. 그리스도인으로서 당신은 하나님을 믿는 사람들과 함께하는 시간을 점점 늘려가야 합니다. 당신은 그리스도인들과 함께할 때의 기쁨을 알게 됩니다. 모임이 끝나고 나면 즐거움이 가득 찹니다. 교제할수록 그리스도를 섬기는 삶에 더 큰 관심이 생기게 되며, 주님을 따르는 자들과의 교제 안에서 발견하는 기쁨이 더욱 깊어져 갈 것입니다."

CHAPTER. 6

성장 비타민 3
: 일대일 양육

>>> 개인적으로 인격적인 관계를 형성하라

중학교 교사인 김미희 자매는 모태신앙이지만 하나님을 인격적으로 만나지 못한 채 교회생활을 하고 있었다. 나는 1년 반 정도, 매주 한 시간씩 예수님을 만나도록 자매를 도왔다. 자매는 하나님을 만나지 못한 상태에서 부모님에 의해 억지로 교회에 다녔기에 마음속에 분노가 가득했다. 내가 "교회에 나오는 이유가 뭐니?"라고 물었을 때, 자매는 "교회에 안 나오면 엄마가 하루 종일 잔소리해요"라고 답했다. 자매는 예수님을 인격적으로 만나지 못한 상태에서 엄마로부터 주일 출석을 억지로 강요당했다. 물론 엄마의 의도는 선했지만 자매의 입장에서는 엄마와 교회에 대한 짜증이 생기지 않을 수가 없었다.

한 가지 다행스러웠던 것은 모태신앙답게 어릴 때부터 보고 들은 것이 많았다는 점이다. 자매는 어릴 때부터 들은 것은 있었으나 체험이 없어 많은 의문이 있었다. 말로만 들어왔던 하나님에 대해 호기심이 있었다. 한편으로는 하나님이 친구들 가운데 자기만 만나주지 않았다는 원망과 섭섭함도 있었다.

자매에게는 날카롭고 원망 섞인 질문이 많았다. 자매는 하나님의 체험과 종말론 쪽으로 관심이 많았다. 어떻게 하나님을 만날 수 있는지, 성령의 은사를 받으면 어떤 느낌인지, 사람이 죽으면 어떻게 되는지, 전 세계적인 전쟁과 기근은 종말의 표시인지, 세상은 언제 멸망하는지, 적그리스도는 언제 오는지, 666표는 무엇인지 등에 관심이 많았다. 나는 자매의 질문에 성경을 근거로 하나씩 자세히 풀어주었다. 자매는 의문이 해소되었고, 예수님을 믿는다는 것이 무엇을 의미하는지 점점 깨달아갔다.

자매는 모태신앙답게 큰 반항 없이, 큰 죄(?)없이 자라서인지 자신이 죄인이라는 사실을 잘 받아들이지 못했다. 나는 자매가 자신의 죄임 됨을 깨달을 수 있도록 오랫동안 기도했다. 기도 응답으로 자매는 복음을 여러 차례 듣고 나서야 자신의 죄인 됨을 고백했다. 예수님을 구원자로 자기 인생의 주님으로 영접했다. 주님을 영접한 이후 성경공부 모임에 참여해서 종말론뿐만 아니라 성경 전체를 함께 공부했다. 자매는 자신이 궁금해 하던 여러 질문에 대해 성경을 통해 구체적으로 이해할 수 있었다.

일대일 양육의 정의

「일대일 제자양육 – 양육자용 교재」(두란노)에 의하면 일대일 제자양육을 다음과 같이 설명하고 있다. "일대일 제자양육이란 단순한 성경공부가 아닙니다. 지식적인 공부를 하는 것도 아닙니다. 교제를 위한 것도 아닙니다. 일대일 제자양육은 예수님의 방법대로 예수님의 제자를 양육하는 방법입니다. 말씀을 가르치는 양육자와 말씀을 배우는 동반자가 일대일(부부의 경우 이대이)로 만나 하나님의 말씀을 체계적으로 공부하며 서로의 삶을 나누고 함께 기도하며 성도의 관계를 맺어 가는 것입니다. 이러한 일대일의 관계를 통하여 그리스도의 장성한 분량에까지 영적으로 성장하도록 서로 도와주는 과정입니다."

일대일 양육은 예수님이 명령하신 지상사명에 근거한다.

"하늘과 땅의 모든 권세를 내게 주셨으니 그러므로 너희는 가서 모든 민족을 제자로 삼아 아버지와 아들과 성령의 이름으로 세례를 베풀고 내가 너희에게 분부한 모든 것을 가르쳐 지키게 하라. 볼지어다. 내가 세상 끝날까지 너희와 항상 함께 있으리라"(마 28:18-20).

일대일 양육은 세상 모든 사람에게 가서 복음을 전하고, 제자를 삼는 사명을 순종하는 구체적인 실천방법이다.

특히 사도 바울은 이 일을 수행할 때 대그룹 설교, 소그룹 훈련뿐만 아니라 각 사람을 가르쳤음을 알 수 있다. "우리가 그를 전파하여 각 사람을 권하고 모든 지혜로 각 사람을 가르침은 각 사람을 그리스도 안에서 완전한 자로 세우려 함이니"(골 1:28). 바울은 복음을 전파하고 각 사람을 양육하며 각 사람을 훈련시켰다. 바울은 에베소 교회 장로들에게 동일한 고백을 한다. 에베소에서 머물던 3년 동안 한 사람 한 사람을 가르치고 훈계했다고 말한다. "그러므로 여러분이 일깨어 내가 삼 년이나 밤낮 쉬지 않고 눈물로 각 사람을 훈계하던 것을 기억하라"(행 20:31).

일대일 양육은 양육의 대를 이어가는 사역이라는 점에서 매력 있다. 바울은 디모데를 양육하고, 디모데는 충성된 사람들을 양육하며, 충성된 사람들은 또 다른 사람들을 양육했다. 이것을 영적 4대라고 부른다.

"내 아들아 그러므로 너는 그리스도 예수 안에 있는 은혜 가운데서 강하고 또 네가 많은 증인 앞에서 내게 들은 바를 충성된 사람들에게 부탁하라. 그들이 또 다른 사람들을 가르칠 수 있으리라"(딤후 2:1-2).

양육받은 사람이 또 다른 사람들을 양육함으로써 신앙의 유산이 흘러가고, 그들의 삶이 실제적으로 변화될 수 있었다. 일대일 양육에 멘티로 혹은 멘토로 참여한다는 것은 바울의 영적 4대에 참여하는 것과 동일하다.

일대일 양육에 대한 3가지 오해

일대일 양육은 목회자와 성도, 혹은 성도와 성도가 개인적으로 만나 삶을 나누고 성경 공부를 하는 것을 말한다. 멘토가 성령의 인도하심 안에서 멘티의 성품, 삶(교회, 가정, 일터), 사역을 지도하는 것이다. 일대일 양육의 방법을 말하기 전에 먼저 흔한 몇 가지 오해를 해결하고자 한다.

"하나님을 의지하지 않고 사람을 의지하는 것 아닙니까?"

양육받는 성도가 주위 사람에게 "목사님이나 선배에게서 일대일로 상담과 양육을 받는다"고 말하면 이런 오해를 받는다. "사람을 의지하는 것 아니냐?" "사람을 의지하지 말고 하나님을 의지해야 한다." 이것은 사람을 의지하는 것과 목회자로부터 성경적인 도움을 받는 것을 구분하지 못하기 때문에 받는 오해이다.

'하나님을 의지하지 않고 사람을 의지하는 것'은 하나님을 신뢰하지 않는 것이다. 어려움이 생겼을 때 하나님의 뜻을 찾고 순종하는 것이 아니라 인맥이나 돈, 권력의 힘을 빌려 문제를 해결하려는 태도이다. 문제 해결을 위해 높은 자리에 있는 친척이나 도움을 줄 수 있는 선·후배를 찾는 것이다.

목회자나 평신도 지도자로부터 일대일로 상담이나 양육을 받는 것은 어려운 상황 가운데 하나님의 뜻을 찾도록 도움을 받는 정상적인 과정이다. 영적 지도자는 고난 가운데 성경적인 원리를 가르치고, 하나님 앞에 올바른 태도를 취하도록 지도한다. 하나님 앞에 서도록 도와준다. 바울이 고백한 '중매장이'(고후 11:2)와 같은 역할이다.

오히려 어려움이 생겼을 때 목회자나 영적 지도자, 또는 신실한 지체들과 논의하지 않고 기도로만 해결하겠다는 태도는 오히려 비

성경적일 뿐만 아니라 교만하다고도 할 수 있다. 하나님이 공동체를 세우신 의도를 무시하는 태도라 볼 수 있다. 하나님이 목회자를 세우신 이유가 있으며, 교회 공동체 속에 부르시고 성도들 사이에 교제하도록 하신 뜻이 있다.

"마음이 약하거나 의존적인 사람에게 필요한 것 아닌가요?"

물론 마음이 약하거나 의존적이거나 마음의 병이 있는 사람에게 일대일 사역은 매우 유익하다. 그렇다면 그들의 마음이 견고해졌을 때 양육은 더 이상 필요 없을까? 아니다. 여전히 필요하다. 양육의 목적은 예수님을 닮아가는 것이다. 마음이 견고하게 되었다는 것은 예수님을 닮아가는 삶을 시작했다는 의미이다.

보통 사람이 인생을 '0'에서 시작한다고 하면 마음이 약한 사람은 '-10', 병이 있는 사람은 '-20'에서 시작하는 것으로 비유할 수 있다. 먼저 '0'으로 회복하도록 돕고, 이후 주님의 성품과 삶, 사역으로 성장할 수 있도록 돕는다는 점에서 일대일 양육은 일반인에게도 큰 의미를 갖는다.

"사용하는 교재는 무엇입니까? 교재가 끝나면 무슨 얘기를 이어가야 하나요?"

성도와 성도 간의 양육하거나 지도하는 목회자가 처음 일대일을 시도하는 경우에는 시중에 나와 있는 교재를 활용하는 것이 유익하다. 일대일 양육에 초점을 맞추어 신앙의 기초적이고 핵심적인 부분을 잘 정리할 수 있도록 구성되어 있는 교재들이 있다. 일대일 양육의 핵심은 멘토와 멘티의 인격적인 관계와 삶의 변화이다. 교재가 핵심은 아니다. 좋은 멘토와 성실한 멘티가 만난다면 성경책을 한 장씩 함께 읽고 나눈다든지, 신앙서적을 읽고 나눈다든지 하는 어떤 방법도 유익하다.

멘토가 지혜와 경험이 많은 경우에는 교재를 사용하지 않는 것이 더욱 유익할 수 있다. 가능하다면 일대일 양육의 교재를 '멘티의 한 주간의 삶'으로 삼는 것이 이상적이다. 예를 들어 한 주간 멘티가 직장에서 상사와 갈등이 있었다고 가정해보자. 양육시간에 '상사와의 갈등'을 주제로 성경적인 원리를 찾고 어떻게 반응할지를 함께 고민할 수 있다. 상사와의 관계에 대해 성경적인 관점을 나누면 멘티는 놀라운 집중도를 보인다. 자기 문제이기 때문에 관련 말씀을 놀랍게 흡수한다. 말씀을 삶에 구체적으로 적용할 수 있도록 도와주면 말씀대로 되는 삶을 경험할 수 있다.

인생은 하나님의 학교이다. 삶의 모든 순간이 성숙의 기회이며, 하나님의 선한 의도와 손길이 있다. 하나님의 뜻에 집중한다면 말씀대로 되는 인생을 경험할 수 있다. 일대일 사역을 위해서는 멘토

(인도자)가 먼저 준비되어야 한다. 성품, 삶(교회, 가정, 일터)의 구체적인 문제에 대해 성경의 원리를 배우고 확신하며 살아가는 과정이 필요하다. 이 과정을 거쳐야만 정상적인 일대일 사역이 가능해진다.

하나님이 목회자로 혹은 평신도 사역자로 부르셨다면 은사와 능력의 차이가 있을 뿐 동일한 은혜를 경험할 줄로 확신한다. 사람이 사람을 성장시키는 것이 아니라 하나님이 사역자를 통해서 하시기 때문이다. "나는 심었고 아볼로는 물을 주었으되 오직 하나님께서 자라나게 하셨나니"(고전 3:6).

일대일 양육의 5가지 원리

일대일 양육은 다음 다섯 가지 원리 속에서 진행될 때 큰 유익이 있다. 골로새서 1장에서 일대일 양육의 원리를 가장 잘 설명하고 있다.

"우리가 그를 전파하여 각 사람을 권하고 모든 지혜로 각 사람을 가르침은 각 사람을 그리스도 안에서 완전한 자로 세우려 함이니 이를 위하여 나도 내 속에서 능력으로 역사하시는 이의 역사를 따라 힘을 다하여 수고하노라"(골 1:28-29).

첫째, 일대일 양육의 목표는 멘티를 그리스도 안에서 완전한 자로 세우는 것이다. 완전함이란 성품, 삶, 사역이 예수님을 닮아 교회, 가정, 일터에서 건강한 생활인으로 사는 것이다. 교회에서의 성장 과정은 회심자, 제자, 일꾼, 사역자이다. 가정에서의 성장은 성경적인 자녀에서 부부로, 다시 부모로 성장하는 과정을 포함한다. 일터에서의 성장은 사원에서 시작해 승진하며 직장생활을 하고, 경영자로서 성경적인 경영을 하는 과정을 포함한다. 기억해야 할 것은 각 과정에서 성경 지식을 습득하는 수준이 아니라 성경적인 기준으로 살아내야 한다는 점이다. 성숙은 뇌세포의 변화가 아니라 삶의 변화이다.

둘째, 일대일 사역의 방법은 개인적이고 인격적인 만남이다. 멘토는 멘티를 성숙한 자로 세우기 위해 개인적으로 도와야 한다. 일대일 사역은 '한 사람을 돕는 사역'이다. 한 사람을 돕지 못하는데 어찌 소그룹을 도울 수 있으며, 소그룹을 돕지 못하는데 어찌 대그룹을 도울 수 있겠는가? 사역마다 고유한 특징과 은사가 다르겠지만 대그룹 위주로 사역하더라도 한 사람에 대한 소중함은 모든 사역자의 필수 덕목이라 할 수 있다(마 12:12). 사도 바울은 에베소 교인들을 "삼 년이나 밤낮 쉬지 않고 눈물로 각 사람을 훈계"(행 20:31) 했다고 말한다. 그가 한 사람에 대한 사랑이 얼마나 큰지를 잘 보여 준다. 바울은 단순히 사랑의 감정을 느낀 것뿐만 아니라 사랑의 수고까지 했다.

셋째, 일대일 사역의 주도자는 성령이시다. 성령께서 사역을 인도하시고, 멘토와 멘티를 도우시며, 멘토링 과정을 주도하신다. 멘토는 자신 안에서 능력으로 역사하시는 성령을 의지해야 한다. 성령께서 말씀하시고자 하는 것을 말하며, 성령께서 침묵하시면 침묵해야 한다. 성령님의 뜻이 무엇인지 기도하는 자세로 양육할 때 성령께서 기쁘신 뜻 가운데로 인도하신다. 사람의 지혜와 능력에는 한계가 있지만 하나님의 지혜와 능력은 무궁하다. 전심으로 성령님을 의지할 때 하나님의 지혜와 능력의 통로로 쓰임 받는다.

넷째, 멘토는 멘티에게 '원칙 있는 사랑'으로 돕는다. '원칙'이란 말은 성경적인 기준을 가르친다는 의미이고, '사랑'이란 말은 멘티에게 양육하는 시간을 내준다는 의미이다. 멘토의 사랑은 시간을 내주는 사랑이다. 멘토가 멘티를 사랑한다는 것은 마주치면 미소 지으며 친절하게 인사하는 차원이 아니다. 반갑게 인사하면서 "집사님, 많이 보고 싶었어요!"라고 인사하는 차원도 아니다. 인생은 100년이라는 시간이다. 생명의 일부를 멘티에게 주는 사람이다. 멘티에게 하나님의 말씀을 가르쳐 삶이 되도록 지도하고, 그때까지 인내하는 사랑이다.

다섯째, 양육은 삶의 전달이다. 멘토가 살아가는 삶이 그가 가르치는 지식과 일치될 때 양육에 힘이 생긴다. 멘티는 말씀대로 살아가는 것이 가능하다는 점을 깨닫는다. 멘토의 삶이 투명하게 드러날수록 일대일 양육의 효과가 높다. 일대일 양육은 멘토가 삶으로 본을 보이며, 멘티의 삶을 말씀에 일치시켜가도록 돕는 과정이다. 가능하다면 멘티의 한 주간의 삶이 주 교재가 되는 것이 이상적이라고 언급한 이유이다.

일대일 양육자의
자격과 양육 방법

일대일 멘토는 어떤 사람이 될 수 있는가? 형식적으로는 일대일 양육을 받은 사람이 양육자가 될 수 있다. 일대일 양육은 성령을 의지하여 사랑하고 섬기는 활동이다. 단순히 지식을 전달하는 것이 아니라 삶을 공유하고 성경적인 삶의 본을 전달하는 것이 목적이다. 성경 지식도 필요하지만 보다 중요한 것은 영혼을 사랑하고 섬기는 태도를 가진 사람이다. 비록 완벽하지 않을지라도 예수님의 가르침을 따르며 살아가고자 하는 성도, 다른 사람을 섬기고자 하는 마음을 가진 사람이라면 충분히 자격을 가졌다.

설교자이자 작가인 데이빗 왓슨은 「제자도」(두란노)에서 그리스도의 제자가 갖추어야 할 자질을 다음과 같이 질문의 형태로 제안했다. 그 10가지를 소개한다.

1. 그는 기꺼이 섬기려 하는가? (막 10:35-45)
2. 그는 기꺼이 들으려 하는가? (눅 9:35)
3. 그는 기꺼이 배우려 하는가? (마 16:22)
4. 그는 다른 사람의 충고를 기꺼이 받아들이는가? (마 18:15)
5. 그는 자기 위에 있는 사람들에게 기꺼이 복종하는가? (살전 5:12)
6. 그는 다른 사람과 자기 삶을 나눌 수 있는가? (요일 1장)
7. 그는 겸손을 기꺼이 배우려 하는가? (빌 2:3)
8. 그는 다른 사람을 비판하기 전에 자기 삶을 기꺼이 진찰하려 하는가? (마 7:1-5)
9. 그는 자기의 연약함을 아는가? (고후 12:9)
10. 그는 용서할 수 있는가? (마 18:21)

멘티를 양육하기 위해 멘토는 양육시간을 준비하면서 충분히 기도해야 한다. 보통 4개월에서 6개월 동안 진행되는 양육 기간 중 멘토는 늘 멘티를 위해 우선적으로 기도하는 것이 유익하다. 기도를 통해 성령께서 역사하시고, 성령께서 그 사람의 마음과 삶을 바꾸어주시길 기대할 수 있기 때문이다.

멘토는 모임 전에 양육 내용을 성실하게 준비해야 한다. 교재를 사용하는 경우 성실하게 교재의 내용을 숙지해야 한다. 여러 번 양육하는 경우에도 아는 내용이라고 해서 방심하지 말고 매번 교재의 내용을 확인해야 한다. 내용을 다시 한번 읽으면서 멘티에게 어떤 부분을 강조할지를 성령께서 깨닫게 해달라고 기도해야 한다. 내가 그를 변화시키는 것이 아니라 성령께서 그를 변화시키기 때문이다.

멘토와 멘티는 양육을 시작할 때 서로의 삶을 나누는 것이 유익하다. 가정과 일터에서 혹은 학교에서 어떻게 살고 있는지, 어떤 고민이 있는지 나눔을 한다. 성령께서 멘티의 삶 속에서 우선적으로 터치하기 원하시는 경우가 간혹 있기 때문이다.

양육시간에 멘토는 교재에 충실하게 진행해야 한다. 가급적 쉽게 전달할 수 있도록 연구해야 한다. 멘토가 질문을 던지면 멘티는 준비해온 답을 하고, 멘토는 간증이나 사례를 드는 방식이 좋다. 단, 가르치려는 태도보다 교재의 내용을 중심으로 질문을 많이 해서 멘티가 충분히 자신의 생각을 표현하도록 하는 것이 유익하다.

멘토가 말하는 경우는 멘티에게 질문을 하거나 자신의 간증을 하는 경우 등 최소한으로 하는 것이 좋다. 특별히 멘토 자신의 생각보다 말씀과 간증 중심으로 진행하는 것이 중요하다. 성령께서 말씀을 통해 역사하시기 때문이다.

멘티가 질문을 했을 경우, 멘토는 알면 아는 만큼, 모르면 모르는 만큼 솔직하게 답변을 해야 한다. 혹시 대답하기 어려운 내용이 있다면 멘토는 멘티에게 목사님에게 물어보고 대답을 주겠다고 하는 것도 좋은 방법이다. 서로에게 안전하기 때문이다.

양육시간의 마무리는 적용에 집중한다. 충분히 성경의 가르침과 사례를 공부했기에 멘티 자신이 일주일 동안 무엇을 순종할지 한 가지를 결정하도록 한다. 함께 기도하면서 삶 속에서 실천할 수 있도록 하나님의 도우심을 구하며 마친다.

4개월에서 6개월간의 양육을 모두 마쳤을 때 멘토는 멘티가 다른 사람을 양육할 수 있도록 지도한다. 멘티는 아는 것이 없다며 부담을 느끼거나 거절할 가능성이 높다. 멘토는 자신의 간증을 하면서 멘티가 또 다른 사람을 돕고 섬길 수 있도록 인도한다. 이는 영적 4대를 이루어가기 위한 필수적인 과정이다.

일대일 양육 시 주의사항

일대일 양육은 한국교회에서 익숙한 방식이 아니다. 그래서 주의해야 할 몇 가지 사항을 조심해야 불미스러운 사고 없이 의도한 신앙 성장을 얻을 수 있다.

첫째, 분파를 만들지 않도록 조심해야 한다. 공동체 내에서 일대일 양육 사역이 활발하게 진행되면 "나는 누구에게서 양육받았다"라는 말이 나오기 시작한다. 자신을 양육해준 양육자를 존경하고 감사를 표시하는 것은 좋은 일이지만 공동체가 분열되지 않도록 주의해야 한다.

둘째, 일대일 양육은 지식의 전달이 아니라 삶의 전달이라는 본래의 목적을 기억하고 삶을 전달할 수 있도록 힘써야 한다. 삶을 전달하지 못하는 멘토는 결국 자신의 단점을 재생산하게 된다. 예를 들어 전도를 하지 않는 멘토는 전도를 가르칠 때 지식으로만 전도를 설명하고 넘어갈 수 있다. 멘티는 전도를 지식으로만 배웠기에 그가 다른 사람을 도울 때도 결국 지식만 전달하는 것으로 끝날 수 있다. 지식을 가르치려고만 하지 말고, 삶이 변하는 데 초점을 맞추어야 한다. 공동체 안에서 멘티가 한 사람에게서만 영향을 받는 것이 아니라 다양한 사람들에게 좋은 영향을 받도록 시스템을 만들어야 한다.

셋째, 교재에 충실하되 진도를 나가는 데 급급하지 말아야 한다. 결국 목적은 멘티의 삶이 성숙하는 것이다. 시간이 조금 더 걸릴지라도 멘티가 무엇을 고민하고 있는지, 무엇을 고통스러워하는지 살펴봐야 한다. 멘티의 삶에는 관심이 없으면서 교재 진도 나가기만 고집한다면 삶의 변화라는 목적을 달성하기가 힘들어진다.

넷째, 멘토는 멘티가 결정해야 하는 문제를 대신 결정해서는 안 된다. 멘토와 멘티가 좋은 관계를 형성하는 것은 바람직하다. 하지만 의존관계가 되는 것은 유익하지 못하다. 멘티가 자신의 고민에 대해 멘토에게 조언을 구할 수 있다. 공동체 내에서 여러 사람에게 조언을 구하는 일은 더욱 유익하다. 그리고 여러 조언을 토대로 멘티는 자신의 믿음으로 선택하거나 결정해야 한다. 멘토가 결정하고 멘티가 따르도록 강요하는 태도는 바람직하지 못하다.

다섯째, 이성 간에는 일대일 양육을 하지 않는 것이 좋다. 어느 한쪽이 연애의 감정을 품는다든지, 일대일 양육을 이용하여 자기만족을 채우려는 문제가 생길 수 있다. 그러면 신앙 성장이라는 본래의 목적에 집중하지 못할 가능성이 높기 때문이다.

데이빗 왓슨은 「제자도」에서 제자 양육에서 범할 수 있는 다음의 위험을 피하라고 경고했다. "첫째, 제자 양육을 진지하게 한다는 이유로 율법과 권위를 지나치게 강조하는 오류를 범하지 말라.

규칙과 규정에 의해 행동하면 기대되는 행동이 넓은 범위에까지 미친다. 그러나 규범으로 경직화되어 가끔 편협한 경건주의, 건전하지 못한 분리주의, 세상으로부터의 도피 등을 유발하곤 한다. 둘째, 강한 양육은 새로운 제사장 제도로 발전할 수 있다. 어떤 경우 제자가 자기 삶의 모든 영역을 한 사람의 목자에게 헌신하고, 또 이 목자는 다른 목자에게 자기 삶을 헌신하는 피라미드 구조 속에 결합되어 있다. 이것은 하나님을 의지하는 것이 아니라 인간 목자에게 의존하게 만드는 결과를 낳는다. 셋째, 다른 사람으로부터 인정받는 지배적인 양육은 분열을 조장하는 성향이 있다. 제자들의 무리가 한 지도자에게 너무 의지할 때 경쟁심과 분파가 자연스럽게 생기게 된다."

일대일 리더를 위한
일대일 양육의 3단계

첫 번째 단계는 '나눔'이다. 멘토와 멘티는 서로 한 주간의 삶, 설교에서 받은 은혜, 개인 경건생활을 나눈다. 삶 나눔은 한 주간 말씀으로 살아간 삶을 나눈다. 단순히 한 주간 있었던 일을 나누는 것이 아니다. 한 주간의 삶을 말씀으로 비추어서 나눈다. 말씀대로 순종한 승리의 삶도, 실패의 삶도 모두 나눈다. 설교 나눔은 대예배 설교에서 받은 은혜를 나눈다. 생각, 감정, 의지의 측면에서 새롭게 깨닫게 된 것, 느낀 것, 적용과 결단을 나눈다. 설교를 평가하는 시간이 되지 않도록 주의한다. 부정적인 나눔은 삼가고 자신이 받은 은혜의 말씀을 나눈다. 개인 경건생활 나눔은 큐티, 통독, 기도, 암송 가운데 받은 깨달음, 느낀 점, 적용을 나눈다. 멘토와 멘티 서로가 나눔을 한다(살전 5:11). 멘티만 일방적으로 나누지 않도록 주의한다. 멘토가 먼저 삶, 설교, 큐티 나눔의 본을 보이고, 다음으로 멘티가 나눔을 한다. 이때 멘토가 가르치지 않고 본인이 받은 은혜를 나누는 게 중요하다.

두 번째 단계는 '발견'이다. 발견은 성숙해가는 멘티의 삶을 성경 속에서 발견해서 알려주는 것이다. 멘티가 말씀대로 살아가는 모습을 성경구절을 통해 알려줄 때 멘티에게 큰 위로가 된다. '나도 말씀대로 살아갈 수 있구나' 하는 용기가 된다. 의외로 멘티 스스로 말씀대로 살아가는지 여부를 확실하게 깨닫지 못하는 경우가 많다. 영적 지도자가 말씀을 짚어주면서 "네가 이 말씀을 경험한 것이다" "이 말씀에 순종한 것이다"라고 격려해주면 멘티는 확신이 생긴다. 주님을 따르는 것에 대한 기쁨을 누린다.

직장인 K 자매의 사례가 '발견' 부분의 좋은 사례이다. K 자매는 양육을 시작한 지 1년 정도 지나자 영적 디딤돌을 확보하여 순조

롭게 성장하고 있었다. 어느 날, 기도를 하면 친구 A가 생각나고 불쌍히 여기는 마음이 들어 중보기도를 하고 있다고 했다. 두 말씀을 찾아주며 멘티의 삶을 성경 속에서 '발견'해주었다. "무리를 보시고 불쌍히 여기시니 이는 그들이 목자 없는 양과 같이 고생하며 기진함이라"(마 9:36). "각각 자기 일을 돌볼뿐더러 또한 각각 다른 사람들의 일을 돌보아 나의 기쁨을 충만하게 하라"(빌 2:4).

성장 초기에는 자기 문제를 해결하기에 급급하다. 다른 사람을 돌아볼 여유가 없다. 자매가 영적 디딤돌을 확보하고 한두 번 영적 디딤돌을 높여간 경험이 있다. 그리고 이제는 친구를 보고 불쌍히 여기기 시작했다. 이것은 목자의 마음이다. 목자의 마음을 품기 시작했고, 다른 사람을 돌아보는 삶을 시작했다는 의미이다. 설명을 듣고 자매는 스스로의 성장을 말씀으로 확인할 수 있어 매우 기뻐했다. 자원하는 마음으로 목자의 삶을 살기로 결단의 기도를 했다.

세 번째 단계는 '적용'이다. 적용은 구체적인 상황에 대한 성경의 원리를 재확인하도록 돕는 것이다. 적용의 내용은 설교시간이나 별도의 성경공부 시간을 통해 평소에 배워야 한다. 이미 알고 있지만 이 문제에 적용시키지 못할 때 멘토가 짚어주면 효과가 크다. 예를 들어 멘티가 취업 문제로 고민하고 있다. 부담감이 너무 커서 예배에 소홀해지고 기도도 하지 못하고 있다. 하나님을 의지하지 않고 걱정만 가득한 것을 보고 다음의 말씀으로 권면할 수 있다. "아

무엇도 염려하지 말고 다만 모든 일에 기도와 간구로, 너희 구할 것을 감사함으로 하나님께 아뢰라. 그리하면 모든 지각에 뛰어난 하나님의 평강이 그리스도 예수 안에서 너희 마음과 생각을 지키시리라"(빌 4:6-7).

 하나님이 모든 일에 걱정 말고 기도하라고 하셨다. 형제(자매)는 걱정은 하고 기도는 안 하고 있다. 하나님의 말씀과 거꾸로 하고 있다. 형제가 고민되는 것은 취업이 힘들어서가 아니다. 말씀대로 순종하지 않아서 힘든 것이다. 하나님보다 문제가 더 커 보인다. 문제가 하나님을 가려버렸다. 그리고 즉시 하나님에게 기도하며 신뢰하도록 돕는다. 문제가 아니라 하나님을 바라보도록 도와야 한다. 과정 중에 어려움은 있지만 곧 하나님이 약속하신 평안을 누리게 될 것이다. 문제가 해결되든지, 문제를 넘어갈 수 있는 영적 에너지를 얻든지 할 것이다.

CHAPTER. 7

# 성장 비타민 4 : 봉사
>>> 공동체는 사랑의 수고로 세워진다

나는 목회자로 사역을 시작하기 전에 교회에서 성가대, 전도 특공대, 찬양팀 사역, 차량 봉사 등 여러 사역과 봉사를 했었다. 그중에서 가장 기억에 남는 사역은 고등부 교사로 수년 동안 섬긴 일이다. 사실 처음 시작할 때는 '내가 아이들을 가르칠 수 있을까? 아이들을 잘 도와줄 수 있을까? 나는 자격이 없는 사람인데…' 이런 마음이 컸다. 그럼에도 부장 집사님의 강력한 요청과 권면 덕분에 시작할 수 있었다.

처음엔 교사가 가르치는 직분이라 생각했지만 시간이 지날수록 사랑하는 직분이라는 것을 알게 되었다. 내가 말하고 가르치려고 다가갔을 때 아이들은 시큰둥했다. 그런데 아이들의 이야기를 들어주고 사랑하려고 다가갔을 때 비로소 아이들은 반응했다. 시간이 흘러 내가 도왔던 아이들이 대학에 진학하고 청년으로 장성했다. 그들이 다시 고등부에 교사로 와서 섬기기 시작했다. 그들이 나보다 더욱 멋지게 섬기는 모습을 보면서 참으로 기쁘고 감사했다. 내가 작게 뿌린 씨앗이 열매를 맺는 것을 보는 느낌이었다.

    정반대의 경험도 있었다. 어느 날, SNS를 통해 내가 고등학교 때 나를 지도하셨던 선생님과 연락이 닿게 되었다. 그분은 수십 년 동안 아프리카 선교사로 헌신하고 계셨다. 나는 그분과의 만남이 너무나도 기뻤다. 고등학교 때 반모임을 할 장소가 없어 봉고차에서 성경공부를 했던 기억도 났다. 학생과 선생님으로 처음 만났던 관계가 이제는 목회자와 선교사로 재회하게 되었다. 사랑으로 나와 친구들을 대하셨던 분이 이제는 먼 아프리카 땅에서 그곳의 사람들을 사랑하는 선교사로 살아가고 계심이 신기하게 느껴졌다. 선생님의 도우심으로 나의 학창 시절이 흔들리지 않고 즐거울 수 있었다는 사실을 고백하며 감사드린다.

공동체는 사랑의 수고로 세워진다

하나님은 교회 안에 여러 다양한 직분자를 세우셨다. "그가 어떤 사람은 사도로, 어떤 사람은 선지자로, 어떤 사람은 복음 전하는 자로, 어떤 사람은 목사와 교사로 삼으셨으니 이는 성도를 온전하게 하여 봉사의 일을 하게 하며 그리스도의 몸을 세우려 하심이라"(엡 4:11-12).

사도, 선지자, 복음 전하는 자, 목사와 교사의 직분뿐만 아니라 성경에 기록되지 않은 더 많고 다양한 직분은 모두 한 가지 목적을 향하고 있다. 그 목적은 성도를 온전하게 하는 것이다. 성도들의 생각과 성품이 예수님을 닮아 삶 속에서 예수님의 가르침대로 온전히 살아갈 수 있도록 돕는 것이다. 이것이 교회 지도자와 직분자를 세운 목적이다.

성도의 온전함도 목적을 가지고 있다. 그것은 바로 온전하게 된 성도가 봉사의 일을 하는 것이다. 성숙한 성도가 교회를 섬길 때 교회는 건강한 공동체성을 지켜나갈 수 있게 된다. 봉사를 통해 교회는 새롭게 구원받는 사람들이 생겨나게 되고, 공동체가 유지되기 위한 많은 필요가 채워지게 된다. 교회는 성도들의 봉사 없이는 지속될 수가 없다. 그 결과 최종 목적인 예수 그리스도의 몸을 세울 수 있게 된다. 그리스도의 장성한 분량으로 교회가 자라갈 수 있게 된다. 하나님의 나라가 이 땅 가운데 견고하게 세워져갈 수 있다. 이 모든 일이 성도들의 사랑의 봉사로 이루어진다.

사랑에는 반드시 수고가 따른다. 수고 없는 사랑은 공허하다. "너희의 믿음의 역사와 사랑의 수고와 우리 주 예수 그리스도에 대한 소망의 인내를 우리 하나님 아버지 앞에서 끊임없이 기억함이니"(살전 1:3). 사랑한다고 말하면서 그 사람의 필요나 고통에 무관심하다면 과연 그 사랑이 진실하다고 말할 수 있을까? 영혼 없는 몸이 죽은 것같이 수고 없는 사랑은 죽은 것과 같다.

사랑의 수고에는 자기희생이 반드시 필요하다. 자기가 마땅히 누릴 수 있는 것도 사랑하기 때문에, 사랑하기 위해서 포기한다. 사랑하기 때문에 귀한 시간과 돈을 사용한다. 사랑에 수고가 따르는 이유는 바로 사랑 때문이다. 만일 형제나 자매가 헐벗고 일용할 양식이 없는데 "평안히 가라, 덥게 하라, 배부르게 하라"고 말만 하고, 쓸 것을 주지 아니하면 그에게 도움이 되지 않는다(약 2:15-16).

이러한 사랑의 수고, 사랑의 실천, 사랑의 헌신이 쌓여서 교회 공동체가 세워지고, 건강함을 유지할 수 있다. 사랑의 수고는 하나님의 나라를 세우기 위해서 반드시 필요하다. 하나님의 나라는 사랑의 수고 위에 견고하게 세워진다.

봉사를 하면 신앙이 성장한다

성숙한 사람은 반드시 봉사를 해야 한다. 교회 공동체가 건강하게 세워지기 위해서는 많은 사람이 피와 땀을 흘려야 한다. 누군가의 수고가 없다면 공동체는 세워지지 않는다. 누군가가 성장하려면 또 다른 누군가가 그 만큼 수고를 해야 한다. 누군가가 봉사를 하지 않는다면 다음세대에 믿음을 전수하지 못하게 될 것이고, 언젠가는 교회가 없어지고 말 것이다. 그와 동시에 봉사를 하면 신앙이 성장할 수 있다. 예를 들어 중고등부 교사로 봉사를 한다고 가정해보자. 신앙생활을 한 연수가 얼마 되지 않는다면 보조교사로 섬길 수 있을 것이고, 신앙 연수가 몇 년 정도 된다면 교사로 섬길 수 있을 것이다. 교사로 섬기면서 중고등부 부서에 소속감이 생긴다. 부서 안에서 다른 교사나 목회자와 인격적인 교제를 할 수 있다. 아이들을 가르치면서 자신의 영적인 상태를 매일, 매주 점검하게 된다. 아이들을 사랑하는 방법을 배우게 되고, 이웃 사랑을 실천하게 된다.

봉사의 가장 큰 유익은 하나님 아버지의 마음을 깨닫게 된다는 것이다. 봉사를 하다 보면 '내가 왜 이 고생을 자처했을까?' 하는 마음이 들 때가 있다. 섬기면서 오히려 상처를 받기도 한다. 심지어 섬기기 때문에 교회생활이 더욱 힘들어지는 경우도 있다. 특별히 사람을 직접 도울 때 이런 현상을 크게 겪게 된다. 사람에게 배신당하기도 하고, 사람에 대해 실망을 하게 되기도 한다. 이 일은 예수님이 먼저 경험하셨다. "너희가 피곤하여 낙심하지 않기 위하여 죄인들이 이같이 자기에게 거역한 일을 참으신 이를 생각하라"(히 12:3). 예수님이 십자가에 매달리셨을 때 대부분의 제자는 예수님을 버려두고 도망갔다. 심지어 예수님은 자신을 십자가에 못 박은 로마 군병들을 위해서도 십자가에 돌아가셨다. 사람들을 구원하러 오신 예수님은 이 땅에서 철저하게 버림받으시고, 철저하게 조롱당하셨다. 대부분의 사람은 예수님이 어떤 분이신지 깨닫지 못했다.

성도가 봉사를 할 때 이와 유사한 경험을 하게 된다. 내가 돕는 사람들이 내가 하는 봉사에 대해 감사하게 생각하지 않는 경험이 그것이다. 다른 사람의 섬김을 별로 가치 있게 여기지 않는 경우도 많고, 섬김 받는 것을 당연하게 생각하는 경우도 많다. 특히 복음을 전할 때는 원수를 대하듯이 하고, 잡상인 취급을 하는 사람도 많다. 이 모든 것이 고난당하신 예수님을 닮아가는 과정이다. 봉사의 과정에서 경험하는 지극히 정상적인 현상이다. 그리고 이런 경험은 불쾌하며 결코 익숙해지지 않는다. 히브리서 12장 3절 말씀대로 앞서 가신 예수님의 고난을 생각하며 인내하는 게 유일한 방법이다.

사도 바울은 고난을 통해 성장하는 것을 예수님의 남은 고난을 내 몸에 채운다고 표현했다. "나는 이제 너희를 위하여 받는 괴로움을 기뻐하고 그리스도의 남은 고난을 그의 몸된 교회를 위하여 내 육체에 채우노라"(골 1:24). 봉사는 신앙 성장에 필수이다. 봉사를 통해 이웃의 참된 의미를 깨달을 수 있고, 봉사를 통해 사랑을 실천할 수 있다. 또한 봉사를 통해 예수님의 고난에 동참할 수 있다.

리처드 포스터는 「영적 훈련과 성장」에서 다음과 같이 9가지 종류의 섬김을 말했다.

첫째는 '숨은 섬김'이다. 숨은 섬김은 섬김을 받는 사람이 그 사실을 전혀 알지 못할 때 더욱 큰 영향을 끼칠 수 있다. 섬김을 받는 사람들은 설명할 수 없는 깊은 사랑과 따뜻함을 경험할 수 있다. 숨은 섬김은 인간의 모든 공동체에 기쁨의 물결을 일으킬 수 있다.

둘째는 '작은 섬김'이다. 도르가와 마찬가지로 과부들을 위한 속옷과 겉옷(행 9:39)과 같은 섬김이다. 큰 섬김의 기회는 드물게 발생되지만 작은 섬김의 기회는 자주 발생된다. 마치 모든 음식에 소금이 들어가야 하는 것과 같다.

셋째는 '다른 사람들의 명성을 보호해주는 섬김'이다. 이 섬김은 말하는 자, 듣는 자, 대상이 되는 자 모두를 위한 섬김이다. 우리 자신이 험담과 뒷공론에서 구출받으려면 이 섬김이 꼭 필요하다. 우리는 다른 사람을 비난하는 말에 가담해서는 안 된다.

넷째는 '섬김을 받는 섬김'이다. 베드로는 예수님이 발을 씻겨

주겠다는 섬김을 처음에는 거부했다. 섬김을 받는 것은 섬기는 사람의 권위를 인정하는 것이다. 우리는 갚아야 하는 부담감을 갖지 말고 그 봉사를 은혜로 받을 줄도 알아야 한다.

다섯째는 '보편적인 예절의 섬김'이 있다. 모든 문화가 가지고 있는 대인 관계의 예절을 존중하는 태도가 신앙인에게 바람직하다. 서로의 가치를 인정하는 것은 현대인에게 꼭 필요한 예의 표시 방법이다.

여섯째는 '대접하는 섬김'이다. 가정에 초청하여 식사나 차를 대접한다든지 하는 섬김이다. 스트레스와 상처가 많은 사람에게 큰 위로를 줄 수 있다. 특히 복음을 전하며 예수님을 소개하기 좋은 방법이다.

일곱째는 '경청하는 섬김'이다. 사람들은 대화할 때 다른 사람의 말을 들어주기보다 자기의 말을 하고 싶어 하는 경향이 있다. 다른 사람의 말을 잘 들어주면 그 사람에게 큰 기쁨과 위로를 줄 수 있다. 다른 사람이 말하고 있을 때 이어서 내가 할 말을 생각한다든지, 건성으로 듣는 태도는 좋지 않다.

여덟째는 '서로 짐을 지는 섬김'이다. 사랑은 우리가 우는 사람과 함께 울며, 서로의 아픔과 고난을 질 때 온전하게 성취된다. 우리가 배려하는 마음을 가진다면 서로의 슬픔을 함께 지는 법을 배우게 된다.

마지막으로 '생명의 말씀을 서로 나누는 섬김'이다. 하나님이 나에게 주신 말씀과 은혜를 다른 사람과 나눌 때 풍성해진다. 하나님은 한 사람에게 모든 은혜와 깨달음을 주지 않으신다. 공동체 가운데 골고루 주시고, 서로가 나눌 때 풍성해질 수 있도록 하신다.

'1인 1사역' 하라

봉사의 일은 교회를 섬기는 모든 일, 교회 밖의 사람들을 섬기는 모든 일을 지칭한다. 봉사의 일은 무엇 하나 귀중하지 않은 사역이 없다. 식당 봉사, 전도 봉사, 주차 봉사, 부서 사역, 성가대 사역 등 교회를 유지하고 성도를 양육하기 위한 모든 활동을 지칭한다. 사람의 인간적인 눈으로 보기에는 빛나는 사역이 있고, 이름도, 빛도 없는 사역도 있다. 하지만 하나님 나라의 관점에서는 어느 하나 귀하지 않은 사역이 없다. 주방에서 봉사하는 사람이 없다면 그 누가 고상한(?) 사역을 할 수가 있겠는가? 주차 봉사를 하는 사람이 없다면 교회는 큰 혼란에 빠지게 되고, 성도들은 정시에 예배에 참석하기 힘들 것이다.

그래서 모든 성도는 성숙의 정도를 따라 최소한 '1인 1사역' 하려는 마음을 품는 것이 귀하다. '내가 안 해도 누군가 하겠지'라고 생각하는 사람이 많은 교회는 든든히 세워져가기 힘들다. 헌신적인 봉사자로 말미암아 하나님의 교회가 유지될 수 있고, 그들로 말미암아 교회가 "영혼을 구원하여 제자 삼는다"라는 본질적인 일에 집중할 수 있다.

　봉사의 일을 하는 성도는 먼저 주님으로부터 받은 달란트를 따라 섬겨야 한다. 가르치는 은사가 있는 사람은 교사나 일대일 양육자로 섬기는 것이 적절하다. 노래 부르는 것을 좋아하고 노래를 잘 부르는 사람은 성가대로 섬길 수 있다. 재능을 주신 분이 하나님이시니 재능을 따라 교회를 섬길 때 교회의 견고함에 가장 효과적으로 기여할 수 있다. 반대로 가르치는 은사가 있지만 노래를 잘 부르지 못하는 사람이 성가대로 봉사한다고 할 때 특별한 경우가 아니라면 적절하지 않을 것이다. 본인도 그렇고 예배에 참여하는 회중에게도 그렇다.

　다음으로 성도들은 봉사의 일을 하되 믿음의 분량을 따라 봉사해야 한다. 믿음의 분량이 성장하는 만큼 봉사하는 것이 교회에 유익하다. 초신자는 먼저 자신의 신앙 성장에 집중하는 것이 유익하다. 믿음의 분량이 적은 사람이 큰 사역을 맡게 되면 사역을 제대로 진행할 수 없게 된다. 또 감당할 수 있는 봉사보다 너무 많은 사역을 맡게 되면 마음과 육체가 지쳐 나가떨어질 수도 있다. 자기 믿음의 분량을 잘 파악해야 봉사하는 사람도 안전할 수 있다.

반대로 믿음이 큰 사람이 작은 사역을 맡게 되면 하나님의 나라에 손해이다. 신앙 연수가 있어 성숙한 성도가 특별한 이유 없이 봉사를 하지 않는 것은 이기적인 행위이다. 누군가의 수고가 있었기에 본인도 성숙할 수 있게 되었음을 잊지 말아야 한다.

섬기기 싫어하고 희생하기 싫어하는 이기적인 그리스도인이 되지 않도록 주의해야 한다. 섬길 만한 상황인데도 섬기지 않는 사람, 불평과 불만, 원망이 많은 사람, 시키면 시킨다고 불평하고 안 시키면 안 시킨다고 원망하는 사람, 다른 사람의 봉사와 비교하는 사람은 하나님의 나라에 유익하지 않은 사람이다. 하나님은 하나님의 몸 된 교회를 기쁜 마음으로 섬기는 사람, 자원하는 마음으로 섬기는 사람을 찾으신다.

리처드 포스터는 「영적 훈련과 성장」에서 삶의 현장에서의 섬김을 강조했다. "섬김 가운데서 우리가 할 일을 발견하기는 하지만 섬김이 우리가 할 일의 목록이 아니다. 섬김은 윤리 규정이 아니라 생활 방식이다. 특정한 섬김의 행위를 한다는 것이 섬김의 훈련을 하는 삶을 사는 것과 동일하지는 않다. 실제 농구 경기에는 농구 규칙서에서 찾아볼 수 있는 것 이상의 것이 있는 것처럼, 섬김이란 특정한 섬김의 행위 이상의 것이다. 섬김이 진정한 섬김이 되기 위해서는 우리가 살고 있는 이 세상 안에서 구체화되어야 한다."

How?

P·A·R·T·3

개인 경건생활로 성장하라

✷ ✷ ✷ ✷ ✷

　개인의 경건생활 방법은 큐티, 통독, 암송, 기도 등 여러 가지가 있다. 성숙의 수준에 따라서 여러 방법을 사용하여 하나님과 교제하는 것이 유익하다. 그 가운데 큐티와 통독은 가장 기본적인 개인의 경건생활 방법이라 할 수 있다. 여기에 한 주에 한 구절 정도 말씀을 암송하고, 월 단위로 복습까지 한다면 믿음이 성장하는 데 매우 유익할 것이다.

　Part 3에서는 개인 경건생활의 구체적인 활동으로 큐티, 통독, 기도, 전도 네 가지 성장 비타민을 중심으로 설명하고 있다. 큐티는 개인 경건생활의 시작이다. 매일 하나님에게 나아가는 경건생활의 기본이라고 할 수 있다. 통독은 영혼의 양식이다. 성경의 전체적인 관점에서 하나님의 뜻을 깨달을 수 있는 기본적이면서도 가장 중요한 방법이다. 통독은 기독교의 역사만큼이나 오래되었고, 믿음의 사람들에 의하여 증명된 방법이다. 기도는 영혼의 호흡이다. 기도를 통해 하나님의 뜻을 더욱 선명하게 깨달을 수 있으며, 하나님과의 관계가 더욱 친밀해질 수 있다. 전도는 영혼의 운동이다. 전도를 통해 구원의 확신과 감격이 더욱 선명해진다. 전도를 통해 하나님 나라가 확장되는 일에 참여할 수 있다.

CHAPTER. 8

# 성장 비타민 5 : 큐티
>>> 임재 중심의 큐티

나는 대학에서 산업공학을 전공하고, 컴퓨터 개발자로 직장생활을 수년 동안 했다. 하나님을 만난 이후 복음을 위해 살기로 헌신했고, 컴퓨터 전문인 선교사가 되기 위해 훈련을 받고 있었다. 선교사 후보로 나름대로 열심히 살았다.

그런데 어느 날부터인가 하나님의 임재가 느껴지지 않았다. 특별한 죄를 지은 것도 없었는데 그 기간이 끝나지 않았다. 반년 이상 하나님이 내 가까이 계시다는 것이 느껴지지 않았다. 하나님의 임재가 느껴지지 않으니 마음에 괴로움이 깊어져 갔다. 철저히 회개하고 성경도 읽으며 기도도 했지만 그러한 상태가 지속되었다.

그러던 어느 날 시편 말씀으로 큐티를 했다. "여호와께서 내 음성과 내 간구를 들으시므로 내가 그를 사랑하는도다. 그의 귀를 내게 기울이셨으므로 내가 평생에 기도하리로다"(시 116:1-2). 이 말씀을 묵상하는데 2절에서 무엇인가가 느껴졌다. "그의 귀를 내게 기울이셨으므로"를 묵상할 때 하나님이 하늘에서 나를 향해 귀를 기울이시는 이미지가 떠올랐다. 하나님은 엷은 미소를 짓고 계셨으며, 하나님의 귀는 나를 향해 있었다.

그 순간 나는 참으로 오랜만에 하나님의 깊은 사랑을 경험했다. 하나님이 나와 함께 계시지 않은 것 같았지만 하나님은 계속 나를 향해 귀를 기울이고 계셨다는 사실을 알게 되었다. 동시에 하나님의 임재는 나의 권리가 아니라 전적으로 하나님의 은혜라는 것을 깨달았다. 그 후로도 오랜 시간 큐티를 하면서 날마다 은혜를 주신 것은 아니지만, 크고 작은 은혜를 지속적으로 주면서 만나주신 하나님에게 감사했다.

큐티는 경건생활의
시작이다

경건이란 하나님을 향해 나아가는 것이다. 경건의

삶은 하나님을 향해 계속 나아가는 삶이다. 매일 함께 모여 예배를 드릴 수 없는 현실을 고려하면 자신의 삶 한가운데서 경건의 삶을 사는 것은 현대 그리스도인이 자신의 신앙을 유지하는 필수적인 방법이다. 경건생활에는 새벽기도, 금식기도, 말씀통독, 암송, 설교 듣기, 성경 공부, 신앙서적 읽기, 예배, 전도, 선교여행, 세미나 참석, PBS, 큐티 등이 있다.

큐티는 경건생활의 시작이고, 경건생활은 하나님과의 친밀함의 시작이다. 그래서 큐티는 개인 경건생활을 대표하는 활동이라고 할 수 있다. 하루하루 마음을 담아 큐티를 하면 신앙이 비약적으로 성장하게 된다. 말씀 묵상 자체로 기도를 즐거워하는 수준, 말씀으로 삶을 인도받는 수준으로 도달하고자 하는 게 목표이다.

큐티를 훈련할 때 다른 경건훈련으로 큐티를 대체해서는 안 된다. 새벽기도로도 대체가 되지 않는다. 큐티는 자신의 힘으로 성경을 먹으려는 몸부림이기 때문이다. 그래서 목회자의 설교나 다른 사람의 설명으로 큐티를 대체할 수 없다.

로렌스 형제는 「하나님의 임재 연습」에서 하나님의 임재를 강조했다. "우리의 영적인 생활에 있어서 가장 거룩하고 가장 필요한 연습은 곧 하나님의 임재 연습이다. 이 말의 의미는 우리가 하나님의 거룩하신 동행 안에서 끊임없이 기쁨을 발견하고, 매 순간 어떤 식이든 대화의 막힘이 없이 항상 그분과 겸손하면서도 정답게 이야기

나누는 것을 말한다. 이것은 특히 유혹과 슬픔의 시간, 하나님과 분리되어 있는 것 같은 시간, 그리고 불성실과 범죄의 시간에 더더욱 중요하다."

임재 중심의 큐티, 이렇게 하라

큐티는 짧은 본문으로 오랜 시간 묵상하는 가운데 하나님과의 만남을 추구하는 것이 가장 이상적이다. 보통 5~10절 정도의 본문을 기준으로 15~30분 동안 분석하고, 15~30분 동안 말씀으로 기도를 드린다. 초신자의 경우 5분 분석, 5분 기도로 시작할 수 있다.

시중에 출간된 월간 혹은 격월간 큐티책을 활용하면 편리하다. 단 큐티는 성경을 먹는 여러 방법 중에 하나의 방법이라는 것을 기억해야 한다. 성경 읽기는 모든 성경에 적합하지만 모든 본문이 큐티에 적합한 것이 아니다. 스토리가 이어지는 구약 본문은 대부분 큐티에 적합하지 않고, 통독에 적합하다. 구약의 이야기는 몇 절이 아니라 2~3장 이상 읽어야 내용의 흐름이 드러나고 주제를 파악할 수 있기 때문이다. 짧은 본문을 깊이 묵상하는 큐티의 특성과 구약

성경의 특성이 상충되는 부분이 있다. 구약 중에서는 시편과 잠언이 큐티에 적합하다고 볼 수 있다.

큐티와 통독을 병행하는 것도 아주 효율적이다. 구약을 큐티하는 경우 신약을 통독하고, 신약을 통독하는 경우 구약을 큐티하면 신구약을 동시에, 그리고 조화롭게 이해할 수 있다. 하나님의 은혜가 강렬하게 임하는 경우에는 큐티의 내용과 통독의 내용이 상호 조화를 이루면서 하나님이 주시는 강력한 메시지와 은혜를 경험할 수도 있다.

큐티하는 과정은 다음과 같다. 첫째, 기도하는 단계이다. 성경을 읽는 사람이 성경의 내용을 지식적으로 이해할 수는 있다. 하지만 그 말씀을 통해 영적 세계를 이해하고 하나님을 경험하는 것은 사람의 힘으론 불가능하다. 그래서 큐티를 시작할 때 마음을 다하여 말씀을 깨닫고, 말씀을 경험할 수 있도록 기도해야 한다. 하나님이 눈을 열어주셔야 말씀을 깨달을 수 있고, 하나님이 일하셔야 말씀을 경험할 수 있다. "내 눈을 열어서 주의 율법에서 놀라운 것을 보게 하소서"(시 119:18).

둘째, 관찰 1 : 절별 키워드를 찾는 단계이다. 이 단계는 반복 읽기가 핵심이다. 여러 번 읽으면서 여러 색깔의 볼펜을 사용하여 절별 키워드에 밑줄을 긋는다. 모든 절마다 한두 단어의 키워드를 찾아 밑줄을 긋는다. 반복되는 단어나 유사 단어는 사각형, 원, 삼각형, 역삼각형 등의 도형을 사용하여 같은 색깔, 같은 도형으로 표시한다. 대조, 비교되는 단어도 화살표 등을 사용하여 표시한다. 처음에는 옅은 색을, 그리고 점차 진한 색을 사용한다. 텍스트로 된 본문을 다양한 도형과 색깔을 사용하여 그림을 그린다는 느낌으로 읽고 표시하는 일을 반복한다. 분석이라는 사전 작업이 견고해야 깊은 묵상이 가능해진다.

셋째, 관찰 2 : 전체 키워드와 주제를 찾는 단계이다. 절별 키워드 중에서 같은 단어, 유사한 단어가 반복되는 부분을 참고하여 전체 키워드를 선택한다. 전체 키워드를 넣어 주제를 한 문장으로 요약한다. 요약이 어려운 경우 마음에 가장 와 닿는 내용을 한 문장으로 기록한다.

넷째, 묵상 1 : 상상하기 단계이다. 성경 속의 사건을 영화를 보듯이 상상한다. 본문에 등장하는 인물 중 한 사람을 선택하여 그의 입장에서 그의 눈으로 본문을 상상한다. 이때 시각, 청각, 후각, 미각, 촉각 등 모든 감각을 사용한다. 광야의 흙먼지, 뜨거운 태양, 갈릴리 호수의 물 냄새, 시장통의 소음 등을 상상하면서 본문 속 인물의 입장이 되어 말씀 속으로 들어간다. 하나님이 깨닫고 느끼게 하시는 것이 있으면 거기에 집중한다.

다섯째, 묵상 2 : 삶과 연결시키기 단계이다. 묵상은 말씀과 삶에 다리를 놓는 작업이다. 말씀을 읽으면서 생각나는 일, 생각나는 사람, 생각나는 문제에 집중한다. 말씀과 삶을 연결시키면서 하나님이 무엇이라 말씀하시는가에 집중한다. 말씀에서 삶으로 나아간다. 말씀과 관련된 삶의 이야기를 적극적으로 끌어온다. 이 단계에서 삶과 관련된 질문을 하고 응답을 기대할 수 있다.

여섯째, 임재 단계이다. 묵상 1과 2 단계에서 마음에 감동이 되는 부분, 깨달음이 있는 부분, 하나님의 임재가 느껴지는 부분에 집중하고 그 장면에서 머무른다. 이때 오래 머물러 있으려는 노력을 해야 한다. 하나님의 임재는 기쁨과 평안과 담대함을 준다. 임재는 오래, 그리고 깊이 누리는 것이다. 큐티는 자기 반성의 시간이 아니라 하나님과 만나는 시간이다. 자기의 실수, 자기가 못하는 것, 자기가 개선해야 할 부분 등 자신에게 집중해서는 안 된다. 어차피 사람은 미완의 존재이다. 대신 철저하게 하나님에게 집중해야 한다. 하나님과의 만남, 하나님의 메시지에 집중하는 것이 임재 중심의 큐티이다.

일곱째, 적용 단계이다. 지금까지의 단계를 차근차근 밟아왔다면 하나님이 깨달음이나 감동을 주시는 경험을 할 수 있다. 어떤 경우에는 하나님의 임재와 사랑을 경험할 수도 있고, 어떤 경우에는 회개할 일을 생각나게 하시거나 분명한 순종을 요구하실 수도 있다. 분명한 순종을 요구하실 때 신속하게 순종해야 한다. "내가 내 행위를 생각하고 주의 증거들을 향하여 내 발길을 돌이켰사오며 주의 계명들을 지키기에 신속히 하고 지체하지 아니하였나이다"(시 119:59-60).

큐티할 때 주의할 점은 매번 적용하려고 애쓸 필요가 없다는 것이다. 적용은 항상, 모든 본문마다 할 수 있는 것은 아니다. 구약의 경우 이야기가 몇 장씩 이어지는 경우가 다반사다. 신약 서신서의 경우에도 편지를 모두 다 읽어야만 보낸 사람의 의도를 이해할 수 있다. 그래서 적용을 강박적으로 혹은 의무적으로 하지 않도록 주의해야 한다. 보통의 경우 임재 단계에서 끝나는 경우가 많다.

이와 관련해서 잔느 귀용은 「예수 그리스도를 깊이 체험하기」(생명의말씀사)에서 성경을 통해 하나님의 임재 속으로 들어가도록 권면했다. "주님께 나와서 성경을 읽기 시작하라. 내면세계로 인도함을 받는 것이 느껴지면 곧바로 읽는 것을 중단하라. 이제는 단지 잠잠히 있으라. 한동안 그렇게 있으라. 이제 잠시 성경을 읽어 나가라. 그러나 조금만 읽으라. 하나님께서 당신을 내면세계로 좀 더 깊이 이끌어 가시는 것이 느껴질 때마다 성경을 읽는 것을 중단하라. 때로 당신은 침묵의 상태에 접하게 될 것이다. 더 이상 소리를 내어 기도해야 한다는 부담을 가지지 말라. 단지 내면세계에 이끌림에 당신 자신을 맡기기만 하면 되는 것이다. 예수 그리스도를 체험하는 모든 경우에 있어서 정해진 형식이나 틀, 그리고 방법은 멀리하는 것이 가장 지혜로운 일이다. 그 대신 성령님의 인도하심에 당신을 완전히 맡겨 드리라."

다양한 큐티 비유를 통해
큐티를 깊게 이해하라

큐티는 본문을 연필이나 볼펜으로 스케치 하듯이, 그림 그리듯이 그리면 흥미를 잃지 않고 즐겁게 할 수 있다. 이를 스케치 비유라고 한다. 그림을 그릴 때 처음에는 연필로 연하게, 그리고 전체적으로 스케치를 한다. 차츰 세밀하게 묘사하고, 짙은 색을 사용하면서 그림을 완성해간다. 본문을 여러 번 읽으면서 절별로 키워드를 찾고, 전체 키워드를 찾고, 주제를 찾는 과정이 이와 유사하다.

큐티를 하면서 아무것도 느껴지지 않을 때 힘들다. 이때는 우물 비유를 기억하면 된다. 예를 들어 우물을 팔 때 지하 50m를 파 내려가야 물이 나온다고 가정해보자. 49m를 파는 동안에는 한 방울의 물도 구경할 수 없다. 마지막 1m를 파야만 비로소 물을 만날 수 있다. 물을 만났다는 것은 어떤 깨달음이나 감동을 얻었다는 의미이다. 하나님의 임재를 깊이 경험한 일일 수도 있다. 큐티를 하다 보면 매번 감동을 경험하지는 않는다. 그렇다면 감동을 경험하지 못한 큐티는 실패인가? 그렇지 않다. 우물을 40m 파 내려간 수고도 의미가 있다. 다음에 같은 본문을 설교나 통독이나 큐티로 만나서 나머지 10m를 파 내려가면 된다. 그때 하나님의 임재를 깊이 경험할 수 있다. 감동과 깨달음을 주시는 하나님을 만날 수 있다.

감동이 없는 큐티의 경우 밥 비유를 기억하면 도움이 된다. 우리는 몸을 위해서 하루 세끼 밥을 챙겨 먹는다. 밥 먹을 때가 되었는데 배가 고프지 않을 수 있다. 혹은 밥맛이 없어 억지로 먹을 때도 있다. 맛없이 먹어도, 억지로 밥을 먹어도 일단 먹기만 하면 소화가 되어 피가 되고 살이 되고 영양분이 된다. 큐티를 1시간해도 은혜가 없을 때가 있다. 감동이 없다고 시간 낭비를 한 것이 아니다. 감동을 느끼지 못했더라도 영적으로 성장하는 데 충분한 영양소를 흡수하는 귀한 시간이다.

큐티 나눔의 시간은 도시락 비유가 적절하다. 학창 시절 점심시간이면 친구들과 앞뒤로 끼리끼리 모여 반찬을 나누었다. 어떤 이는 맛있는 김치, 어떤 이는 계란말이, 어떤 이는 불고기 등을 가져왔다. 도시락을 함께 먹을 때마다 각자 가져온 것을 각자 먹는 것과는 비교할 수 없는 풍성한 식탁이 펼쳐지곤 했다. 이처럼 성도들이 각자 풍성하게 큐티를 하고 서로 나누면 서로의 은혜를 더하고 곱한 만큼 풍성한 시간이 된다. 서로에게 주신 은혜를 모두 경험할 수 있게 된다. 공동체가 필요한 이유를 확실하게 알 수 있게 된다.

관찰, 묵상, 임재와 적용의 과정을 거치면서 큐티 시작 단계에서는 객관성을 추구하고, 마지막 단계로 갈수록 주관성을 추구하게 된다. 큐티 최고의 약점은 주관성이다. 주관적으로만 큐티를 하게 되면 성경 맥락과 상관없이 특정 단어나 문장에 감동을 받아 성경이 말하지 않은 깨달음, 하나님이 주시지 않은 감동을 받는 오류를 범할 수 있다. 그래서 객관적인 내용 관찰로 시작하여 충분히 내용 자체를 숙지할 수 있도록 해야 한다.

좋은 큐티는 능동적으로 시작해서 수동적으로 마치는 것이다. 관찰, 묵상 단계에서는 사람이 능동적, 주도적으로 활동을 한다. 지성과 감성과 의지, 그리고 오감을 모두 사용하여 활발하게 본문에 접근한다. 큐티가 진행될수록, 내용이 익숙해질수록 점차 하나님이 말씀하시고, 하나님이 임재하시도록 기다리는 시간이 필요하다. 신앙의 깊은 차원에서는 인간의 능동적인 태도와 하나님의 일하심을 기다리는 수동성이 조화를 이루게 된다.

큐티와 새벽기도를 통합하라

대부분의 교회에서는 보통 큐티 대신 새벽기도를 강조한다. 새벽기도에 전교인의 50% 이상 참석하며 활성화되어 있다면 큐티 대신 새벽기도로 대체할 수 있을 것이다. 하지만 현실적으로 전교인의 10% 미만이 참석하고, 노년층 위주로 참석한다면 나머지 다수의 성도를 위한 대안이 필요하다. 큐티와 새벽기도를 통합할 수 있다면 훌륭한 대안이 될 수 있다.

다음은 큐티와 새벽기도를 통합하는 방법이다.

1. 공동체적으로 큐티의 방법을 가르치고 꾸준히 강조한다.
2. 공동체 안에서 특정 큐티책을 정해 같은 본문으로 함께 큐티한다. 새벽기도의 본문을 큐티책과 일치시킨다면 더욱 유익하다. 성도들이 성경을 오해하지는 않을까 하는 염려를 덜 수 있다. 성도들이 새벽기도에 새롭게 참석하는 동기가 될 수도 있다.
3. 셀 모임, 구역 모임, 목장 모임, 소그룹 모임에서 큐티 나눔의 공식적인 순서로 활동한다.
4. 1, 2, 3을 지속, 반복한다.

개인 경건생활을 제대로 하는지 여부에 대한 책임은 일차적으로 공동체에게 있다. 공동체적으로 가르치고 꾸준히 점검하며 공식적인 소그룹 모임에서 나누도록 격려해야 한다. 공동체적인 점검과 나눔이 개인 경건생활을 지속할 수 있는 핵심활동이다. 공동체적인 권면이 있음에도 불구하고 경건생활을 하지 않는다면 그것은 개인의 책임이다.

CHAPTER. 9

# 성장 비타민 6 : 통독
>>> 말씀을 붙들면 말씀이 붙든다

황기현 집사는 학원에서 수학을 가르치는 강사이다. 그는 최근에 좋은 조건으로 다른 학원으로 옮겼다. 그런데 문제가 생겼다. 옮긴 지 몇 달이 지나기도 전에 수강생이 갑자기 줄어들기 시작했다. 원장님이 먼저 불안해했고, 황 집사를 포함한 소속 강사들에게 부담을 주며 몰아붙였다. 황 집사는 한동안 일자리를 잃을 수도 있다는 불안한 마음으로 일했다. 몇 달 정도 마음에 부담이 커서 잠이 안 올 때도 있었고, 다급한 마음으로 수강생을 모집할 수 있는 아이디어를 짜기도 했다. 그러는 사이 마음이 점점 조급해지고 짜증이 많이 났다. '내 잘못이 아닌데 내가 왜 이 고생을 해야 하지' 하는 불만과 원망의 마음도 들었다. 마음에 여유가 없어지고 하나님과의 친밀한 교제시간도 서서히 사라져갔다.

그러던 어느 날, 설교 말씀에서 마태복음 6장 33절의 말씀을 들었다. "그런즉 너희는 먼저 그의 나라와 그의 의를 구하라. 그리하면 이 모든 것을 너희에게 더하시리라." 황 집사는 지난 몇 달간 자신이 어떤 마음으로 살았는지 갑자기 깨닫게 되었다. 그는 먹고사는 문제를 걱정하며 자기 인생의 주인이 되었고, 자기의 힘으로 이 문제를 해결하려 하고 있었기에 그렇게 힘들었음을 보게 되었다.

그 사실을 깨닫자, 황 집사는 하나님 앞으로 나아가 회개하며 하나님이 내 인생의 주인이심을 다시 한번 고백했다. 먹고사는 문제가 하나님에게 달려 있음을 깨달았고, 들의 풀도, 하늘의 새도 신경 써서 먹이시는 하나님을 바라보았다. 자녀를 귀하게 여기시는 아버지 하나님을 바라보며 하나님이 의식주의 주인 되심을 고백하며 감사했다. 문제는 아직 해결되지 않았고 진행 중이다. 하지만 황 집사는 하나님이 아버지 되시고, 내 인생의 주인이라는 사실에 담대한 마음과 평안이 생겼다.

성경을 규칙적으로, 계획적으로 읽으라

　　　　　　　　성경을 읽는 가장 보편적인 방법은 창세기부터 요한계시록까지 차례대로 읽는 것이다. 이 방법은 성경을 읽는 가장 간단한 방법이면서도 가장 힘 있는 방법이다. 왜냐하면 하나님의 영감이 성경을 기록할 때뿐만 아니라 성경을 모으고 성경의 순서를 정하는 일에까지 영향력을 끼쳤다고 볼 수 있기 때문이다. 성경은 1천 500년 동안 다양한 지역에서 40여 명의 저자에 의해 쓰인 책이다. 지금 우리 손에 들어오기까지의 모든 과정에 하나님이 개입하셨음을 고백할 수밖에 없다. 그래서 성경을 진지하게 읽고자 하는 모든 성도에게 가장 우선적으로 권해줄 수 있는 방법이다. 단점은 성경 전체를 읽는 데 시간이 오래 걸리고, 레위기 부분에서 지루함을 느끼며 멈추기를 반복한다는 점이다. 그리고 예언서에서 시대상을 이해하기 힘들어 다시 막히게 된다. 이러한 문제는 적절한 책 별로 적절한 가이드북을 함께 읽으면 극복하기가 쉽다.

　　초신자의 경우 신약을 몇 번 먼저 읽고 구약을 읽는 방법이 좋다. 신약은 본체, 구약은 그림자라고 비유할 수 있다. 신약은 예수님이 행하신 사역과 가르침을 날 것 그대로 전하고 있다. 신약을 충분히 이해하고 있으면 구약을 읽을 때 예수님에게 초점을 맞추어 읽을 수 있게 된다. 구약의 핵심은 예수님이다. 신약을 이해하고 구약을 읽으면 이를 보다 분명하게 이해할 수 있다는 장점이 있다. "너희가 성경에서 영생을 얻는 줄 생각하고 성경을 연구하거니와 이 성경이 곧 내게 대하여 증언하는 것이니라"(요 5:39).

성경을 빠르게 일독하는 방법은 연대기 순서로 읽는 것이다. 성경은 역사의 진행을 담은 책과 특정 시대를 설명한 책으로 구분이 된다. 역사의 줄거리가 있는 책은 창세기, 출애굽기, 민수기, 여호수아, 사사기, 사무엘상, 사무엘하, 열왕기상, 열왕기하, 에스라, 느헤미야로 11권이다. 11권의 책을 중심으로 빠르게 읽으면 지루하지 않게 구약성경의 뼈대를 이해할 수 있다.

성경 통독을 수차례 진행한 후 통독 방법에 변화를 주고 싶은 경우 '책 이어 읽기'라는 방법을 사용할 수 있다. 예를 들어 마태복음을 읽으면 이사야서에서 인용한 예언이 여러 차례 나온다. 그래서 마태복음을 읽은 후 이사야서를 읽는 방식으로 통독을 진행하는 것이다. 이사야서를 읽다가 종말 예언에 대한 부분에서 흥미를 느꼈다면 요한계시록으로 넘어갈 수도 있다. 이런 방식은 성경 내용에 대한 흥미를 계속 유지할 수 있다는 장점이 있다. 대신 가끔씩 성경 전체를 차례대로 읽는 방식을 활용하여 성경 편식을 방지할 필요가 있다.

교회에 따라 연초에 '성경 100일 대행진' 등의 이름으로 성경 1독 프로그램을 진행하는 경우가 있다. 이런 경우 주일 설교, 새벽

설교, 수요 설교에서 목회자가 통독 진도에 맞게 책별로 설명을 병행한다면 더욱 유익하다. 교회 공동체적으로 성경을 읽는 것과 개인적으로 성경을 읽는 것을 병행할 수 있다면 가장 이상적이다.

성공적인 통독을 위해 가장 중요한 것은 성경을 읽는 시간과 장소를 정하는 것이다. 예를 들어 아침 6시부터 7시까지 내 방에서 성경을 읽고 큐티를 한다고 정할 수 있다. 시간과 장소가 구체적이지 않다면 통독을 지속적으로 할 수가 없게 된다. 시간과 장소를 정하는 것이 통독뿐만 아니라 경건생활의 시작이다.

그다음 중요한 것은 통독 계획을 세우는 것이다. 계획을 세워야 매일 규칙적으로 꾸준히 성경을 읽을 수 있다. 성경은 신약 260장, 구약 929장으로 총 1,189장으로 구성되어 있다. 평일에는 하루 3장을 읽고 주일에는 5장을 읽으면 1년에 1독을 할 수 있다. 연간 통독 목표에 따른 매일 읽어야 할 분량은 다음과 같이 정리할 수 있다. 통독시간은 사람에 따라 다르겠지만 1장당 대략 3분 정도로 잡았으며, 계산하기 쉽게 5분 단위로 계획했다.

1년 1독 : 평일 하루 3장 (10분), 주일 하루 5장 (15분)
1년 2독 : 평일 하루 6장 (20분), 주일 하루 10장 (30분)
1년 3독 : 평일 하루 9장 (30분), 주일 하루 15장 (45분)

마지막으로 성도들이 서로 통독하면서 받은 은혜를 나누어야 한다. 저녁시간에 가정에서 가족들이 모여 당일 읽은 성경의 내용과 받은 은혜를 나눌 수 있다. 셀 모임이나 구역 모임에서도 삶을 나누고 한 주간 통독하면서 받은 은혜를 나눌 수 있다. 자연스럽게 서로 점검하고 도전하는 시간이 된다. 이런 과정을 통해 성경 말씀을 삶에 적용하고, 말씀의 능력을 삶 속에서 체험하게 된다.

말씀을 붙들면
말씀이 붙든다

신앙이 성장하는 방법 중에서 가장 보편적이고 중요한 것이 말씀 체험이다. 하나님은 말씀으로 자신을 계시하시고, 말씀으로 성도들을 인도하신다. 말씀을 체험하며 성장하는 과정은 다음과 같은 두 가지 단계를 통해 이루어진다.

첫째, '내가 말씀을 붙드는 단계'이다. "내 아들아 네 아비의 명령을 지키며 네 어미의 법을 떠나지 말고 그것을 항상 네 마음에 새기며 네 목에 매라"(잠 6:20-21). 우리는 하나님의 말씀을 마음에 새기고, 목에 매는 열심을 가져야 한다. 내가 말씀을 붙든다는 것은 성경의 객관적인 내용, 일반적인 원리를 공부한다는 뜻이다. 감동이 되지 않더라도 하나님이 중요하게 여기시는 것은 나도 중요하게 여겨야 한다. 현재 나의 상황과 직접적으로 관련이 없는 것 같아 보여도 하나님이 강조하시는 말씀을 중요하게 여기는 태도가 바람직한 자세이다.

이렇게 말씀을 공부하다 보면 나의 현 상황과 관련 있고 도움이 되는 말씀이 감동으로 다가온다. 구체적인 상황에서 구체적인 말씀을 통해 인도하심을 받게 되면 큰 감동과 확신을 얻게 된다. 하나님의 사랑에 대한 감격이 터져 나오게 된다. 단, 많은 문제에 대해 성경적인 원리가 이미 있는데, 이것에는 관심을 두지 않고 지금 직접 주시는 음성이나 감동을 추구하려는 잘못된 신앙의 행태를 갖지 않도록 주의해야 한다. 은혜가 되든 안 되든, 감동이 되든 안 되든, 마음에 와 닿든 닿지 않든 간에 하나님의 말씀이기에 우직하게 순종하는 태도가 필요하다.

죄로 인해 사람의 본성은 타락했다. 그리스도인이라 할지라도 자칫하면 관심을 갖게 되는 말씀이 현세적이고 단기적이고 물질적인 복이 많을 수밖에 없다. "예수님을 믿으면 복을 받는다. 부자가 된다. 건강하게 된다. 성공한다"는 말은 항상 사람의 마음에 와 닿을 수밖에 없다. 결국 나의 관심에 부합되는 말씀만 내 몸에 덕지덕지 붙게 된다. 탐욕스러운 자아가 탐욕을 더욱 강화하는 역할을 한다.

성경을 공부하면서 삶의 목표와 비전을 찾아야 한다. 성경을 공부하는 자세는 보배를 찾는 것과 같은 열심이어야 한다. 실제로 말씀은 우리의 삶에 보석과 같은 가르침과 능력을 주신다. 말씀을 붙든다는 것은 지성, 감성, 의지를 사용하여 말씀에 접근한다는 의미이다. 지적으로 말씀을 공부하고 이해하고 깨달으며 기억하려고 애쓰는 노력이 필요하다. 감성적으로 말씀을 통해 감사, 감격, 애통해하는 마음 등 말씀 자체가 주는 감정을 느끼려고 애쓴다. 의지적으로 말씀에 내 삶을 맞추려고 노력해야 한다.

말씀을 붙든다는 것은 또한 말씀의 내용을 주장하며 기도한다는 뜻이기도 하다. 말씀은 영혼의 양식과 같다. 식사를 하기 위해 밥상을 차린다고 배가 부른 게 아니다. 먹고 소화를 시켜야지만 피가 되고 살이 되고 에너지가 된다. 말씀을 붙들고 기도할 때 비로소 마음이 말씀을 먹고, 영적인 성장과 영적인 에너지를 얻게 된다.

성장하기 위해서는 말씀 앞에 오래 머물러 있어야 한다. 영이자 생명인 말씀 앞에 머물러 있으면 영의 세계, 즉 하나님에게 점점 가까이 가게 되고 생명, 즉 에너지와 힘을 얻게 된다. "살리는 것은 영이니 육은 무익하니라. 내가 너희에게 이른 말은 영이요 생명이라" (요 6:63).

둘째, '말씀이 나를 붙드는 단계'이다. 내가 말씀을 붙드는 과정이 지속되면 어느 새 말씀이 나를 붙드는 단계로 들어가게 된다. 이 단계의 중요한 특징은 '되어지는' 경험이다. 지적으로 말씀이 깨달아지고 자꾸만 생각이 난다. 평소에 삶 속에서 생각나는 말씀이 여러 개가 생기고 그 말씀으로 기도하게 된다. 감성적으로는 말씀이 은혜가 되고 감동이 된다. 말씀을 통해 위로를 받고 기쁨을 얻는다. 말씀 자체가 행복이 되고 말씀대로 사는 것이 행복하다. 의지적으로도 말씀대로 사는 삶이 제대로 사는 삶이라는 확신이 든다. 자연스럽게 말씀대로 살고 싶어진다.

이 단계에 들어서게 되면 기도하고 싶어지고 기도하게 된다. 기도할 때 말씀이 생각나고 그 말씀 붙들고 기도하게 된다. 그 결과 자기 인생이 말씀대로 되는 경험을 하게 된다. 말씀이 나의 삶 속에서 이루어지게 된다. 자신도 모르는 사이 조금씩 생각이나 성품이 예수 그리스도를 닮아간다.

"그것이 네가 다닐 때에 너를 인도하며 네가 잘 때에 너를 보호하며 네가 깰 때에 너와 더불어 말하리니"(잠 6:22). 말씀이 나를 붙들면 '다닐 때, 잘 때, 깰 때', 즉 모든 일에 항상 말씀이 나와 함께하고 인도하신다. 하나님은 성경을 통해 우리가 어떻게 살아야 되는지를 이미 충분히 말씀하셨다. 하나님의 음성을 들으려는 태도는 훌륭하지만 동시에 자꾸만 새로운 음성을 들으려고 하는 것보다 이미 말씀하신 것에 귀를 기울이는 태도가 더욱 필요하다. 이 문제에 대해 지금 나에게 다시 한번 직접 말씀해주시길 기도했을 때 응답받지 못할 때가 많다. 이런 경우에는 보통 성경에서 충분히 말씀하신 경우이므로 다시 음성을 들을 것이 아니라 성경을 통해 하나님의 뜻을 깨달아야 한다. 기도해야 할 문제가 있고, 성경을 통해 하나님의 뜻을 공부해야 할 문제가 있다. 이 둘을 온전히 잘 분별해야 한다.

하나님의 보호는 일반적으로 말씀의 우산을 쓰는 것과 같다. 내가 말씀대로 살아가면 그 말씀이 비를 맞지 않도록 지켜준다. 비가 많이 오더라도 우산 속에 있으면 비에 젖지 않을 수 있다. 그런데 우산 밖으로 나가 "하나님, 비 맞지 않게 해주세요"라고 기도한다면 하나님이 무엇이라 응답하실까? 어이없어 하실 것이다. "비를 맞고 싶지 않다면 우산 속으로 들어가라"고 말씀하실 수밖에 없다. 우산 밖에서 초자연적인 기적으로 비를 맞지 않도록 기도하고 있지는 않은지 돌아볼 필요가 있다. 이런 이유로 특수한 상황이 아닌 경우, 사람이 말씀을 붙들지 않으면 말씀이 그를 붙들 수가 없다. 하나님은 보편적으로 사람의 의지를 거스르지 않기 때문이다.

다윗의 아들이자 지혜의 책 잠언을 남긴 솔로몬은 말년에 하나님을 떠났다. "솔로몬이 마음을 돌려 이스라엘의 하나님 여호와를 떠나므로 여호와께서 그에게 진노하시니라. 여호와께서 일찍이 두 번이나 그에게 나타나시고 이 일에 대하여 명령하사 다른 신을 따르지 말라 하셨으나 그가 여호와의 명령을 지키지 않았으므로 여호와께서 솔로몬에게 말씀하시되 네게 이러한 일이 있었고 또 네가 내 언약과 내가 네게 명령한 법도를 지키지 아니하였으니 내가 반드시 이 나라를 네게서 빼앗아 네 신하에게 주리라"(왕상 11:9-11).

하나님은 우상을 숭배하는 솔로몬에게 회개하고 돌이키도록 두 번이나 말씀하셨다. 하지만 솔로몬은 하나님에게 돌아오기를 거절했다. 자비롭고 인내가 풍성하신 하나님이시지만 영원히 인내하시는 것은 아니다. 인생은 끝이 있다. 인생에는 데드라인이 있다. 인생이라는 시험지를 걷는 때가 온다.

영적인 수입과 지출의 비유를 적용하라

경제적으로 점점 더 부유하게 살 수 있는 가장 간단한 원리가 있다. 수입이 지출보다 많거나 지출이 수입보다 적으면 된다. 만일 한 달 수입이 200만 원인 사람이 300만 원을 지출하게 되면 당장은 폼 나게 살겠지만 조만간 파산하게 될 것이다. 이와는 반대로 한 달 수입이 200만 원인 같은 사람이 100만 원을 지출하게 되면 당장은 힘들겠지만 점점 더 부유해질 것이다.

달란트 비유에서는 이상한 셈법이 나온다. "그에게서 그 한 달란트를 빼앗아 열 달란트 가진 자에게 주라. 무릇 있는 자는 받아

풍족하게 되고 없는 자는 그 있는 것까지 빼앗기리라"(마 25:28-29). 한 달란트 받은 악한 종이 아무것도 남기지 못하고 한 달란트 그대로 주인에게 가지고 왔다. 주인은 그를 악하고 게으른 종이라고 했다. 그리고 한 달란트를 빼앗아 열 달란트 가진 자에게 주었다. 열 달란트 가진 자는 주인에게서 다섯 달란트를 받아 다섯 달란트를 남긴 종이었다. 그 옆에는 두 달란트 받아 두 달란트 남긴 네 달란트를 가진 종이 서 있었다. 얼핏 생각할 때 열 달란트 가진 자는 많이 가졌으므로 한 달란트를 네 달란트 가진 자에게 주는 것이 공평한 것처럼 느껴진다. 하지만 하나님 나라의 셈법은 그렇지 않다. 영적으로 풍성한 사람이 더욱 풍성하게 누리는 것이 하나님 나라의 셈법이다.

동시에 방심하면 안 된다는 교훈도 있다. "그러나 먼저 된 자로서 나중 되고 나중 된 자로서 먼저 될 자가 많으니라"(마 19:30). 모든 가치 있는 활동에는 에너지가 들어간다. 영적인 흑자 인생으로 선순환하는 그리스도인은 악순환하는 적자 인생이 되지 않도록 겸손해야 한다.

영적으로 파산하게 되면 구원의 감격을 잃어버리고 마음에 평안과 기쁨이 점차 사라진다. 파산한 사람은 공동체 경건생활과 개인 경건생활에 정기적으로 시간을 드리지 않는다. 열정은 사라지고 미지근한 신앙생활을 하게 된다. 감격이 없고 형식적인 예배, 마당만

밟는 예배를 드리기에 교회에 오는 기대가 없다. 성경공부나 일대일 양육, 소그룹 친교 등의 모임에 참여하기 싫어진다. 마음속으로는 '나는 예수님을 믿는데 왜 이렇게 힘들까?'라는 고민을 하기도 한다.

그러기에 영적인 수입을 극대화하는 방법이 바로 말씀을 삶에 적용하는 것이다. 성경 말씀을 읽고 순종하면 삶 속에서 말씀의 지혜와 능력을 체험하게 된다. 하나님이 살아계시고, 자신을 보호하고 인도하신다는 사실을 선명하게 느낄 수 있게 된다. 이는 다시 성경 말씀에 대한 열망으로 이어지고 자연스럽게 영적인 선순환이 일어난다.

미국 IVF 간사인 잭 쿠하쉑은 「어떻게 성경을 적용할 것인가」(IVP)에서 성경 적용의 중요성을 이렇게 강조했다. "성경은 그 시대에 맞을 뿐 아니라 영구적이다. 그 당시의 청중에게 말씀하신 것처럼 하나님은 성경의 각 장을 통해 오늘날 우리에게 말씀하신다. 우리는 성경의 인물과 공통된 인간성을 지니고 있으며, 그들이 직면한 문제를 하나님이 어떻게 해결하시는가를 보며 보편적인 원리를 발견하게 된다."

성장 비타민 7 : 기도

>>> 기도하면 내가 변한다

김가희 자매는 수련관에서 청소년을 지도하는 교사이다. 자매는 업무 가운데 하나님이 길을 열어주시고 문제를 해결해주시는 경험을 반복적으로 하고 했다.

한번은 11월 말에 수련관 로비에서 청소년 축제를 하게 되었다. 추운 날씨였기에 히터를 준비해서 따뜻하게 진행하려고 했지만 시설팀에서 예산문제로 히터를 틀지 못하게 했다. 자매는 아이들이 추울까 걱정하며 전날 밤에 간절히 기도했다. 행사 전날과 다음 날은 영하의 기온으로 추운 날씨였지만 행사하는 당일은 날씨가 따뜻했다.

또 8월에 청소년 문화체험이 상일동 공원에서 열렸다. 200여 명의

학생들이 모여 3시간 동안 진행하는 행사였다. 며칠 전 날씨를 확인해 보니 당일 종일 비가 오는 것으로 예보되었다. 야외 행사여서 비가 오면 진행에 큰 어려움을 겪게 되는 상황이었다. 그런데 행사 자체를 취소할 수도 없는 상황이었다. 역시 하나님을 신뢰하며 기도했다. 비가 오면 어쩔 수 없다는 생각으로 일정대로 진행했다. 행사 당일, 비가 내렸지만 놀랍게도 행사하는 그 시간 동안에만 비가 멈추어 행사가 안정적으로 진행될 수 있었다. 자매는 하나님이 자신의 기도에 신실하게 응답하심을 보고 하나님에게 깊이 감사드렸다.

너희는 이렇게 기도하라

세상에는 자신이 원하는 것을 이루는 다양한 방식이 있다. 최근 몇 년 사이에는 '시크릿'이라는 개념이 유행했다. 내가 진심으로 믿고 간절히 원하면 우주적인 힘이 도와준다는 것이다. 「끌어당김의 법칙」「연금술사」「꿈꾸는 다락방」 등의 책에서 말하는 바와 유사하다. 그들은 생생히 꿈꾸면 이루어진다고 가르친다.

시크릿으로 내가 원하는 대로 되는 경우도 있고, 되지 않는 경우도 있다. 기도 역시 내가 원하는 대로 반드시 이루어지는 것은 아니다. 그럼 세상 사람들이 자신의 소원을 이루는 것과 기도는 무슨 차이가 있는가? 시크릿은 '내가 원하는 것'을 나의 방식으로 얻는 것인 반면, 기도는 '하나님의 뜻'이 하나님의 방식대로 이루어지기를 기대하는 것이다.

기도의 본질은 내가 원하는 것을 얻는 게 아니다. 기도는 하나님을 만나는 것이며, 하나님을 얻는 것이다. 그래서 기도의 가장 큰 유익은 바로 하나님을 만나는 것이다.

가장 좋은 기도 방법은 예수님이 직접 가르치신 '주기도문'으로 하는 것이다. 주기도문의 구조는 하나님을 부름, 하나님의 나라를 위한 3가지 기도, 자신의 필요를 위한 3가지 기도, 영광을 돌리는 기도로 이루어져 있다. 그래서 주기도문은 정확하게 마태복음 6장 33절의 우선순위를 따른다. "그런즉 너희는 먼저 그의 나라와 그의 의를 구하라. 그리하면 이 모든 것을 너희에게 더하시리라"(마 6:33).

"그러므로 너희는 이렇게 기도하라. 하늘에 계신 우리 아버지여 이름이 거룩히 여김을 받으시오며 나라가 임하시오며 뜻이 하늘에서 이루어진 것같이 땅에서도 이루어지이다. 오늘 우리에게 일용할 양식을 주시옵고 우리가 우리에게 죄 지은 자를 사하여 준 것같이 우리 죄를 사하여 주시옵고 우리를 시험에 들게 하지 마시옵고 다만 악에서 구하시옵소서. (나라와 권세와 영광이 아버지께 영원히 있사옵나이다. 아멘)"
(마 6:9-13).

"너희는 이렇게 기도하라." 이 기도에 '주기도문'이라는 이름이 붙은 이유는 예수님이 직접 가르쳐주신 기도이기 때문이다. 그래서 기도의 표준이 되고 가장 중요한 기준이 된다. 기도에 관한 많은 방법과 이론이 있다. 하지만 복잡하게 이 방법, 저 방법 쓸 필요 없이 예수님이 가르쳐주신 대로만 기도하면 충분하다. 그리고 이것이 가장 좋은 기도의 방법이다.

"하늘에 계신 우리 아버지여." 하나님은 '하늘에 계신' 분으로 초월자이시며 절대적이고 객관적인 위치에 계신다. 동시에 '우리 아버지'이시기에 우리와 항상 함께 계시고, 우리 가까이에 계신 분이다. 아버지는 자녀의 모든 것에 관심이 있는 것처럼 하나님은 우리의 일거수일투족에 관심과 애정을 가지고 계시며, 우리를 인도하고 도우신다. 특히 '내' 아버지가 아니라 '우리' 아버지이다. 성도들은 개인주의적인 사고방식에서 벗어나 공동체적인 사고방식으로 하나님에게 나아가야 한다. 우리는 "하늘에 계신 우리 아버지여"라고 기도할 때마다 하나님의 사랑을 깊이 경험할 수 있다.

"이름이 거룩히 여김을 받으시오며." '거룩'은 매우 높고 위대하다는 뜻으로 죄악과 부정으로부터 철저히 분리된 상태이다. 성도는 세속적이고 비신앙적인 것에서 자신을 엄격히 구별하는 경건함을 지켜야 한다. 아버지의 이름이 거룩히 여김 받는다는 것은 영광과 높임, 찬양, 그리고 칭찬을 받으신다는 뜻이다.

"나라가 임하시오며." 성도는 하나님 나라의 백성이 되는 권리와 하나님의 나라를 전파하는 의무를 동시에 지니게 된다. 사도 바울은 평생 동안 "하나님의 나라를 전파하며 주 예수 그리스도에 관한 모든 것을 담대하게 거침없이 가르치더라"(행 28:31). 예수님을 믿고 예수님의 가르침을 따라 살면 성품의 변화와 삶의 변화가 동반된다. 변화된 나의 모습을 통해 복음이 증거되고 하나님의 나라는 확장된다. 이를 위해 기도해야 함을 가르치고 있다.

"뜻이 하늘에서 이루어진 것같이 땅에서도 이루어지이다." 하나님은 하늘나라에서 하나님의 뜻대로 완전하게 통치하신다. 하지만 아담과 하와의 타락으로 땅에서는 하나님의 통치가 불완전하다. 하나님의 통치가 땅에서도 이루어지기 위해 우리의 순종과 헌신을 요구하신다. 내가 지금, 이곳에서 하나님의 뜻대로 사는 것이야말로 이 땅에서 하나님의 통치를 앞당기는 가장 중요한 삶의 태도이다.

"오늘 우리에게 일용할 양식을 주시옵고." 하나님은 자기 아들이신 예수님조차 아끼지 아니하시고 내주셨다. 자기 아들까지도 아끼지 않으신 하나님이 우리에게 아까울 것은 없다(롬 8:32). 하나님은 하나님의 자녀에게 일용할 양식, 필요한 양식은 모두 채워주신다. 하나님은 먼저 하나님의 나라를 구하는 자녀에게 필요한 모든 양식을 공급해주신다. 우리에게는 믿음이 필요할 뿐이다.

"우리가 우리에게 죄 지은 자를 사하여 준 것같이 우리 죄를 사하여 주시옵고." 우리는 예수님의 십자가로 인해 모든 죄를 용서받았다. 동시에 다른 사람들의 과오를 용서할 의무가 생겼다. 큰 죄를 용서받은 자가 작은 죄를 용서하지 못한다면 하나님이 진노하신다고 말씀하신다. 크고 작은 죄를 저지른 사람들을 용서하고 그들을 축복하는 것은 먼저 용서받은 하나님의 자녀에게 주어진 의무이다. "너희가 각각 마음으로부터 형제를 용서하지 아니하면 나의 하늘 아버지께서도 너희에게 이와 같이 하시리라"(마 18:35).

"우리를 시험에 들게 하지 마시옵고 다만 악에서 구하시옵소서." 고달픈 세상살이는 우리에게 유혹으로 다가올 때가 잦다. 그리고 시험과 유혹이 다가올 때 그 달콤함을 거절하기가 쉽지 않다. 우리의 거룩은 피나는 전쟁이며, 동시에 하나님의 은혜로만 가능하다. 사람의 개인적인 경건으로 거룩을 유지할 수 없다. "하나님이시여, 우리를 불쌍히 여기소서. 우리를 악에서 구하소서!" 오직 은혜를 부르짖을 뿐이다. "주는 미쁘사 너희를 굳건하게 하시고 악한 자에게서 지키시리라"(살후 3:3).

"나라와 권세와 영광이 아버지께 영원히 있사옵나이다. 아멘." 모든 권세와 영광은 나라의 통치자이신 하나님에게 있다. 하나님의 영광을 가로채려는 모든 동기와 행동은 악이다. 나의 모든 것, 우리의 모든 것을 통해 하나님에게 영광을 돌리는 태도만이 우리의 삶을 의미 있게 만든다.

리로이 아임스는 「그리스도인 성장의 열쇠」에서 그리스도께서 기도의 모범이 되신다고 말했다. "삶의 다른 영역에서도 그렇듯이 예수님은 기도를 어떻게 하는가를 보여주는 가장 좋은 모범이십니다. 먼저 그는 아침에 홀로 기도하셨습니다. 새벽 오히려 미명에 일어나 한 적한 곳에서 기도하셨습니다(막 1:35). 다음으로 예수님은 중요한 결정을 내리실 때 기도하셨습니다. 예수님은 열두 제자를 부르시기 전날 홀로 기도하셨습니다. 우리는 우리 자신에게 벅찬 문제에 직면할 때 아주 어려운 결정을 내리기 위해 특별한 기도의 시간이 필요합니다. 마지막으로 주님은 바쁜 일정 가운데에서도 늘 기도하셨습니다. 예수님은 많은 일들 가운데에서도 가장 중요하고 먼저 해야 할 것이 무엇인지 알고 계셨습니다. 바빠서 기도하지 못한다는 말은 핑계일 뿐입니다."

하나님 아버지는 자녀들에게
좋은 것을 주기 원하신다

　　　　　　그리스도인들이 기도에 대해 오해하는 것 몇 가지가 있다. 먼저 그리스도인들은 하나님이 우리의 기도에 응답해주기 싫어하시는데 우리가 정성을 다하면 하나님이 응답해주신다고 오해한다. 그래서 응답받기 위해 열심히 노력한다. 심각하지 않은 문제는 일반적인 방식으로 기도하면 들어주실 것도 같다. 또 배우자, 취직, 진학 같은 중요한 문제는 금식기도, 새벽기도 정도는 해야 들어주실 것 같은 마음이 들기도 하고, 아주 어려운 문제는 금식기도 정도는 해야 응답해주실 것 같다.

　　하나님에 대한 이런 태도는 오해에서 비롯되었다. 금식기도는 단식 투쟁처럼 해서는 안 된다. 어떤 이는 마치 사춘기 청소년이 부모에게 단식 투쟁하듯이 하나님에게 매달리기도 한다. 그렇게 하지 않으면 하나님이 들어주시지 않을 것이라는 오해가 전제되어 있다. 새벽기도가 하나님의 뜻을 바꾸려는 생떼쓰기, 내가 원하는 것을 얻어 내려는 생떼쓰기가 되면 안 된다.

　　기도의 원리는 첫째, 하나님 아버지는 자녀에게 가장 좋은 것을 주길 원하신다는 것이다. 하나님은 떼쓰는 사람에게 응답해주시고, 떼쓰지 않는 사람에게 응답해주시지 않는 분이 아니다. 아버지 되신 하나님은 자녀인 성도들에게 가장 좋은 것을 주길 원하신다. "너희가 악한 자라도 좋은 것으로 자식에게 줄 줄 알거든 하물며 하늘에 계신 너희 아버지께서 구하는 자에게 좋은 것으로 주시지 않겠느냐"(마 7:11). 하나님의 나라와 하나님의 뜻을 먼저 추구하면 하나님은 우리에게 필요한 것을 넉넉하게 채워주신다(마 6:33).

둘째, 나의 뜻이 아니라 하나님의 뜻대로 된다. 사람들은 보통 "내가 믿음으로 기도하면 다 이루어진다"라고 착각한다. 실제로 마태복음 21장에서 그렇게 말씀하시는 구절도 있다. "너희가 기도할 때에 무엇이든지 믿고 구하는 것은 다 받으리라 하시니라." 하지만 기도에 대해 바르게 이해하기 위해서는 다른 구절을 동시에 볼 필요가 있다.

우리가 예수님 안에 거하고 예수님이 행하시는 대로 행하면 예수님의 뜻 안에서 우리의 기도가 응답된다. "너희가 내 안에 거하고 내 말이 너희 안에 거하면 무엇이든지 원하는 대로 구하라. 그리하면 이루리라"(요 15:7). "그의 안에 산다고 하는 자는 그가 행하시는 대로 자기도 행할지니라"(요일 2:6). 그래서 이 말씀은 예수님을 따르는 제자의 삶을 사는 사람들에게 주어진 약속이라 할 수 있다.

셋째, '그럼 기도하지 않아도 되겠네.' 하나님은 좋은 것을 주시기 원하고, 어차피 하나님의 뜻대로 이루어진다면 기도할 필요가 없다고 오해할 수 있다. 기도하지 않아도 사람의 재능과 노력으로 이루어지는 일이 많다. 반면 기도해도 이루어지지 않는 일도 또한 많다. 그럼에도 하나님은 하나님에게 이루어주시기를 구해야 한다고 강조하신다. "주 여호와께서 이같이 말씀하셨느니라. 그래도 이스라엘 족속이 이같이 자기들에게 이루어주기를 내게 구하여야 할지라. 내가 그들의 수효를 양 떼같이 많아지게 하되"(겔 36:37).

그렇다면 하나님은 왜 기도하라고 하시며, 왜 기도해야 하나? 기도를 해야만 하나님이 그 일을 이루어주셨다는 사실을 알 수 있기 때문이다. 기도를 해야만 우리의 인생이 하나님 안에 있음을 고백하고, 하나님을 주님으로 섬기며 살 수 있기 때문이다. 기도를 하는 더욱 본질적인 이유는 단순히 우리가 원하는 것을 구하는 게 아니라 하나님과 교제하는 것이기 때문이다. 하나님과의 친밀한 교제가 본질이고, 하나님을 얻는 것이 가장 먼저다. 그래서 기도를 해야 한다.

기도의 선지자 E. M. 바운즈는 「기도의 능력」(생명의말씀사)에서 특별히 새벽에 기도하라고 강조한다. "이 세상에서 하나님을 위해 가장 많은 일을 한 사람들은 아침 일찍 무릎을 꿇은 사람들이다. 이른 아침을, 그 신선함과 기회를 사용하여 하나님을 찾기보다 다른 일에 낭비해버리는 사람은 하루 종일 하나님을 찾는 일에 별 진전을 보지 못하기 마련이다. 이른 아침에 하나님이 우리의 생각과 노력에서 첫자리를 차지하지 않는다면 하나님은 하루 종일 맨 마지막 자리를 차지하게 될 것이다. 이처럼 일찍 일어나 간절히 기도하는 것 이면에는 하나님을 찾게 하는 강한 욕구가 있다."

기도하면 내가 변한다

우리의 기도는 변화의 능력이 있다. 기도를 하면 변하는 것은 다음과 같다.

첫째, 기도하는 자신이 바뀐다. 기도의 본질은 무엇인가? 기도하는 진정한 이유는 무엇인가? 그것은 하나님을 만나는 것이다. 우리는 기도를 하면 하나님을 만날 수 있다. 기도를 하면 하나님의 임재에 들어갈 수 있다.

하나님을 만나면 기도의 제목이 바뀐다. 어떤 이는 처음에 자신이 원하는 배우자에 대해 기도 제목 100가지를 가지고 기도하다가, 하나님을 만나게 되면 하나님의 관점으로 배우자를 생각하게 되고, 하나님의 관점으로 가정을 생각하게 된다. 어떤 이는 취업을 위해 기도하다가, 진학을 위해 기도하다가 내가 진학하고 취업하는 근본적인 이유를 하나님에게서 찾게 된다. 내 관점, 내 욕심으로 시작했어도 기도를 하면서 하나님의 관점과 하나님의 뜻을 발견하게 된다. 자신이 원하는 것이 바뀌게 되는 경험을 하게 된다.

하나님을 만날수록 영적인 사람으로 변화되어 간다. 기도할수록 하나님을 더욱 알게 되고, 더욱 사랑하게 된다. 기도할수록 하나님을 찬양하게 되고, 마음에 조급함 대신 평안이 임하게 된다. 하나님을 만날수록 하나님과의 만남을 더욱 간절히 원하게 된다. 하나님을 만나기 전에는 죄와 쾌락, 성공, 돈이 더 좋았다면 하나님을 만난 후에는 하나님과 함께 있는 시간이 더욱 좋다. 전에는 문제를 만날 때 고민만 했다면 하나님을 만난 후에는 하나님의 관점에서 문제를 바라볼 수 있는 힘을 갖게 된다.

하나님을 깊이 만나면 성품이 바뀐다. 나의 생각과 감정과 의지가 하나님을 닮아가게 된다. 나의 마음이 하나님의 마음과 합해져 가고, 하나님의 생각, 감정, 의지에 합해져 간다. 또한 하나님을 만나면 인생의 목적이 바뀐다. 전에는 자신의 목표를 위해서 살았다면 이제는 예수님이 승천하시면서 남긴 지상사명에 관심이 생긴다. 사람들에게 찾아가서 복음을 전하고, 세상 끝까지 제자 삼는 사역에 동참하게 된다. 더 이상 이 세상의 가치만을 추구하지 않고 영원한 세상을 소중하게 생각한다. "위의 것을 생각하고 땅의 것을 생각하지 말라"(골 3:2).

둘째, 환경이 바뀐다. 초대교회에서 사도 베드로가 복음을 전하다 감옥에 갇혔다. 교회는 베드로가 풀려나도록 간절히 기도했다. 헤롯 왕이 베드로를 처형하려고 했다. 그 전날 밤에 베드로가 두 군인 틈에서 쇠사슬에 매여 누워 잤다. 파수꾼들은 문 밖에서 옥을 지키고 있었는데, 갑자기 옥중에 큰 빛이 임하며 천사가 나타났다. 천사가 베드로의 옆구리를 쳐서 깨우며 급히 일어나라고 말했다. 쇠사슬이 벗겨지고 베드로는 겉옷까지 챙겨 입고 천사를 따라나섰다. 곧 철문이 열리고 베드로는 감옥을 나섰다. 그리고 시내에 들어가 마가 요한의 어머니 마리아의 집으로 갔다. 그곳에서 성도들이 자신을 위해 기도하고 있었다. 사람들은 베드로를 보고 놀랐다. 베드로는 하나님이 자신을 감옥에서 빼내신 것을 간증하고 군사들을 피해 다른 곳으로 갔다(행 12장).

믿음의 기도는 병든 자를 낫게 하는 능력이 있다(약 5:15). 믿음으로 기도하면 혹시 죄를 범하였을지라도 사하심을 받을 수 있다. 그래서 서로 죄를 고백하며 병이 낫기를 위해 기도해야 한다. 의인의 간구는 역사하는 힘이 크다. 엘리야는 특별한 위인이 아니라 평범한 우리와 같은 사람이다. 그가 하나님의 명령을 따라 비가 오지 않기를 간절히 기도했을 때 삼 년 육 개월 동안 땅에 비가 오지 않았다. 그가 하나님의 뜻을 따라 다시 기도했을 때 하나님이 비를 내려주셨다. 꽃이 피고 열매가 맺혔다.

셋째, 하나님이 뜻을 바꾸신다. 히스기야는 말년에 병들어 죽을 지경이 되었다. 선지자 이사야가 히스기야 왕 앞으로 나아가 하나님의 뜻을 전했다. "여호와께서 이같이 말씀하시기를 너는 네 집에 유언하라. 네가 죽고 살지 못하리라 하셨나이다"(사 38:1). 히스기야가 얼굴을 벽으로 향하고 심히 통곡하며 여호와께 기도했다. "여호와여 구하오니 내가 주 앞에서 진실과 전심으로 행하며 주의 목전에서 선하게 행한 것을 기억하옵소서"(사 38:3).

히스기야의 기도를 들으신 여호와께서 이사야에게 말씀하셨다. "너는 가서 히스기야에게 이르기를 네 조상 다윗의 하나님 여호와께서 이같이 말씀하시기를 내가 네 기도를 들었고 네 눈물을 보았노라. 내가 네 수한에 십오 년을 더하고 너와 이 성을 앗수르 왕의 손에서 건져내겠고 내가 또 이 성을 보호하리라"(사 38:5-6). 결국 하나님은 히스기야를 치유해주셨다. 히스기야는 15년을 더 살았다. 안타깝게도 하나님에게 받은 15년 동안 히스기야는 아름답게 살지 못했다. 결과적으로 히스기야가 추가로 얻은 15년은 실패였지만 그것은 전적으로 히스기야의 책임이다. 분명한 것은 히스기야가 통곡하고 기도했기 때문에 하나님이 뜻을 돌이키시고 히스기야의 병을 치유해주셨다는 것이다. 우리도 기도하면 하나님이 뜻을 바꾸시는 경우가 있다.

E. M. 바운즈는 「기도의 능력」에서 사람이 하나님의 방법이라고 강조했다. "교회는 더 나은 방법을 찾고 있지만 하나님은 더 나은 사람을 찾고 계신다. 그리스도의 길을 예배하는 하나님의 계획이 요한이라는 사람에게 달려 있었다(요 1:6). 오늘날 교회가 필요

로 하는 것은 더 많은 기계나 더 좋은 기계도 아니요, 새로운 조직도 아니요, 기발한 방법도 아니다. 교회가 필요로 하는 것은 성령이 쓰실 수 있는 사람, 즉 기도의 사람, 기도에 능한 사람이다. 성령은 방법을 통해서 흘러나오지 않고 사람을 통해서 역사하신다. 성령은 기계에 임하지 않고 사람에게 임하신다. 성령은 계획에 기름을 붓지 않고, 사람에게 그것도 기도의 사람에게 기름을 부으신다."

이에 비해 기도한다고 해도 변하지 않는 것이 있다. 보편적으로 하나님은 사람의 인격, 사람의 자유의지를 강제하지 않으신다. 사람이 억지로 생각을 바꾸거나 의지를 바꾸도록 강제하지 않으신다.

한 자매는 아버지의 음주와 폭력으로 고통스러워했다. 그는 하나님에게 아버지가 술을 마시지 않도록, 폭력을 행사하지 않도록 기도했다. 오랜 기도 끝에 그는 마음에 평안과 감동을 얻었다. 하나님이 자신의 기도를 들어주신 것 같아 기쁜 마음으로 집으로 돌아갔다. 그날도 역시 자매가 집에 들어가니 아버지가 술을 먹고 행패를 부리고 있어 크게 실망했다. 자매는 그 상황을 이해할 수가 없었다.

하나님이 자매에게 평안과 기쁨을 주신 것과 아버지를 변화시키시는 것은 인과관계가 아닐 수 있다. 자매는 하나님이 자신과 함께 하시고, 하나님이 지켜보고 계심을 느끼면서 감동과 기쁨을 경험했다. 그렇다고 하나님이 아버지를 그 순간 변화시키신 것은 아니다.

기도하는 사람의 입장에서는 문제를 가지고 기도하다 평안이 임하면 하나님이 직접 그 문제를 해결해주실 것이라 오해할 수도 있다. 기도할 때 하나님이 주시는 평안과 문제 자체의 해결은 구분할 필요가 있다.

그래서 잔느 귀용은 「예수 그리스도를 깊이 체험하기」에서 하나님을 전적으로 신뢰하라고 권면했다. "당신의 뜻도 있고 하나님의 뜻도 있다. 당신의 계획도 있고 하나님의 계획도 있다. 마찬가지로 당신의 기도도 있고 하나님의 기도도 있는 것이다. 당신은 하나님의 계획에 맞추어야 한다. 하나님께서는 당신으로부터 당신 자신의 모든 활동들을 가져가시고, 그 자리를 자신의 활동으로 대신 채우신다. 그러므로 그분의 행하심에 맡겨드리라. 하나님께서 당신 안에서 친히 의도하시는 일을 하시도록 맡겨드리라."

CHAPTER. 11

성장 비타민 8 : 전도

>>> 복음에 합당한 삶을 살라

내가 조그마한 물류회사 전산팀에 있었을 때 있었던 일이다. 회사에 고등학교를 갓 졸업하고 취업한 여직원이 있었다. 작은 회사였기에 함께 식사도 하고 어울리면서 대강의 사정을 들을 수 있었다. 그녀는 매우 힘든 가정환경에서 자랐다. 어머니는 자주 아프셨고, 아버지는 평생 반 실업상태인 가정이었다. 게다가 부모님은 다툼이 심해서 마음에 상처도 많았다.

그녀는 고등학교를 졸업하자마자 취업했다. 일도 서툴렀기에 상사로부터 지적도 많이 받았다. 원래 성격이 소심한데 꾸중도 자주 들어서 마음이 많이 위축되어 있었다. 불쌍했다. 다행히 그 여직원이 맡은 업무 중 내가 관련된 것이 있었다. 나는 일도 제법 거들어주면서 업무를 하나씩 가르쳐주었다. 그녀는 영리한 편이라서 6개월 정도 도와주니 업무에 많이 익숙해졌고, 1년 정도 지나니 자기 몫의 일은 충분히 해내게 되었다.

어느 날, 저녁을 사주면서 복음을 자세히 설명해주었다. 일을 가르치는 중간 중간 내가 믿는 예수님에 대해 간증해 왔기에 대화가 어색하지는 않았다. 성경을 펼치고 말씀을 함께 읽으면서 예수님에 대해, 죄에 대해, 구원에 대해 알려주었다. 그 여직원은 가만히 듣더니 고맙다고 했다. 일을 도와준 것도 너무 고맙고, 복음을 들려준 것도 고맙다고 했다. 하지만 아직은 믿고 싶은 마음이 없다고 정중히 거절했다. 나는 약간 실망스러웠지만 내색하지는 않았다. 그리고 앞으로도 가끔씩 예수님 얘기를 해주겠으니 듣기만 하라고 여지를 남겼다. 나는 이후에도 여직원과 좋은 관계를 유지하면서 지속적으로 하나님의 말씀을 전하려고 노력했다.

회심의 원리와 증거를 이해하라

네비게이토선교회의 창시자 도슨 트로트맨의 전

기를 집필한 베티 스키너에 의하면 도슨은 생전에 헌신적으로 복음을 전했을 뿐만 아니라 끊임없이 발전하는 지도자였다. 어느 날, 도슨은 언행으로 보아 신앙이 없는 듯한 사람을 차에 태워주었다. 대화를 하면서 도슨은 그 사람이 자기가 일 년 전에 전도하여 예수님을 믿게 된 사람임을 알아챘다. 그러나 그 사람은 믿기로 결심은 했지만 말씀으로 양육을 받지는 못했고, 사실상 말라비틀어진 가지가 되어 있었다. 이에 충격을 받은 도슨은 깊이 생각했다. 진지하게, 때로는 눈물까지 흘리면서 주 예수 그리스도의 이름을 부르며 믿기로 한 수많은 사람이 삶의 변화를 경험하지 못한 상태로 남아 있을 것이 분명했다. 무엇이 잘못된 것인가?

일꾼을 길러내는 일의 필요성과 새로이 그리스도인이 된 사람을 위한 양육의 절박성에 대한 확신은 도슨의 사역 방향에 변화를 가져왔다. 도슨은 "영적 신생아가 태어나게 한 다음에 영양실조로 죽게 내버려두지 마십시오"라고 힘주어 가르쳤다. 도슨은 단순히 '교회에 다니는 사람'과 '하나님의 일꾼'의 엄청난 차이를 잘 알았다. 그는 하나님이 영혼 구원의 사명을 맡길 수 있는 일꾼을 길러내는 데 평생을 바쳤다. 도슨은 "하나님께서는 90퍼센트 헌신된 사람 100명보다 100퍼센트 헌신된 한 사람을 통해서 더 많은 일을 하실 수 있다"라고 강조했다. 도슨은 불신자를 전도하여 구원받도록 하는 데서 그치지 않았다. 회심자를 그리스도의 좋은 제자로 세우고,

하나님의 일꾼이 되도록 훈련시켰다. 도슨은 갓 회심한 새신자가 복음으로 무장하도록 도왔다. 또한 복음을 전할 뿐만 아니라 다른 사람을 양육할 수 있도록 무장시켰다. 복음으로 무장된 사람이 되기 위해서는 회심의 원리와 증거에 익숙해야 한다. 다른 사람을 점검해야 할 뿐만 아니라 자기 자신도 점검해야 한다.

회심 혹은 회개는 하나님을 떠난 인간이 마음과 삶을 돌이켜 철저히 하나님을 따르는 변화를 의미한다. 회개는 단순히 생각의 변화만이 아니라 반드시 삶의 변화를 동반한다. 회개에 대해서 몇 가지 흔히 하는 오해가 있다. 먼저 "회개는 정죄하는 말이다"라는 오해가 있다. 예수님이 '회개'라는 말을 사용하셨을 경우에는 사람들을 정죄하고 판단하기 위해 사용한 것이 아니라 구원받기 위해 옛 생활을 청산하고 하나님에게로 돌이키는 것을 의미했다. "이때부터 예수께서 비로소 전파하여 이르시되 회개하라. 천국이 가까이 왔느니라 하시더라"(마 4:17).

"회개는 구원에 앞서 자신의 삶을 바로잡아 보려는 시도이다"라는 오해도 있다. 사람은 자기반성으로 거룩해질 수 없다. 오직 하나님과의 만남으로 거룩해질 수 있다. 회개로의 부르심은 그리스도께 돌이키기 전에 죄를 청산하라는 명령이 아니다. 그것은 오히려 자신의 불의함을 깨닫고, 그것을 미워하며 등을 돌리고, 그리스도께 달려가 전심으로 그분을 받아들이라는 명령이다. 회개는 자신이 죄인임을 솔직하게 인정하는 것이다.

또한 "회개는 일회적인 행위이다"라는 오해가 있다. 회개 이후에도 지속적인 자백이 반드시 필요하다. "만일 우리가 우리 죄를 자백하면 그는 미쁘시고 의로우사 우리 죄를 사하시며 우리를 모든 불의에서 깨끗하게 하실 것이요"(요일 1:9). 회심했을 당시의 회개는 평생에 걸쳐 점진적으로 진행되는 신앙고백의 시작일 뿐이다. 활발하고 지속적인 회개의 태도는 예수님이 말씀하신 팔복 가운데서 심령의 가난함, 애통함, 온유함을 낳는다. 이것은 참 그리스도인의 표지이다. "심령이 가난한 자는 복이 있나니 천국이 그들의 것임이요"(마 5:3).

마지막으로 "회개는 단지 정신적인 혹은 양심적인 활동이다"라는 오해가 있다. 참된 회개는 생각, 감정, 의지를 다 포함한다. 참으로 회개하게 되면 이전과는 생각도 바뀌고 의지도 바뀌며 삶의 목적도 바뀐다. 자신의 모든 것이 바뀐다. 그렇지 않다면 거짓 회개일 가능성이 높다.

이와는 다르게 참으로 회개하면 반드시 마음과 삶 전체의 변화가 일어난다. 참된 회개는 생각의 변화를 동반한다. 회심한 사람은 복음에 관심을 가지고 복음을 지적으로 이해한다. 자신이 죄인이라는 것을 깨닫고 인정한다. 각 사람이 죄에 대한 개인적인 책임이 있다는 것을 깨닫는다.

참된 회개는 감정적인 변화를 동반한다. 자신이 죄인이라는 것을 슬퍼하고 아파한다. 하나님의 사랑과 구원에 대해 감사와 감격이 있다. "하나님의 뜻대로 하는 근심은 후회할 것이 없는 구원에 이르게 하는 회개를 이루는 것이요 세상 근심은 사망을 이루는 것이니라"(고후 7:10). 근심과 애통의 시간이 지나가면 죄를 용서받음으로 인해 기쁨과 평안, 확신이 마음속에서 샘솟는 경험을 한다. "많은 사람에게 붙었던 더러운 귀신들이 크게 소리를 지르며 나가고 또 많은 중풍병자와 못 걷는 사람이 나으니 그 성에 큰 기쁨이 있더라"(행 8:7-8).

또한 참된 회개는 의지적인 변화를 동반한다. 회개는 삶의 방향을 바꾸는 것, 곧 삶의 목적을 다른 것으로 바꾸는 것이다. 회심자는 구원에 대한 강한 집념을 보이며, 죄를 분명하게 회개한다. 결국 예수님을 구원자와 인생의 주인으로 영접한다. "베드로가 이르되 너희가 회개하여 각각 예수 그리스도의 이름으로 세례를 받고 죄 사함을 받으라. 그리하면 성령의 선물을 받으리니"(행 2:38).

확실히 회심하고 나면 하나님과의 수직적인 관계에 변화가 생긴다. 회심자는 하나님에 대한 태도가 바뀐다. 하나님에 대한 이야기를 자주 하고 구원받은 것을 감사하게 된다. 회심자는 성경이 하나님의 말씀이라는 내적인 확신이 생긴다. 성경에 대한 관심이 높아지고 배우고 싶어 한다. 성경에 대하여 질문이 많아지며 달콤하고 재미있게 느낀다. 그들은 기도에도 관심을 가지고 응답받고 싶어 한다. 신앙 전반에 대해 배우고 싶어 하는 것이다.

회심자는 사람과의 수평적인 관계에도 변화가 생긴다. 사람에 대한 태도가 바뀐다. 교회의 지도자를 존경하며 순종하는 마음이 생긴다. 그들은 그리스도인을 사귀고 싶어 한다. 영적인 향기가 있는 교회 공동체와 소그룹에 관심이 생긴다. 주위의 믿지 않는 사람들과 예수님에 대해 대화를 하고 싶어 한다.

회심자는 삶에 대한 태도도 바뀐다. 그들은 죄를 싫어하고 버리고 싶어 한다. 자기 인생에 대한 하나님의 뜻을 궁금해 한다. 하나님 안에서 변화된 삶을 살고 싶어 한다. 결과적으로 회심의 결과는 교회 공동체생활과 개인 경건생활에서의 변화로 나타나게 된다. 변화의 강도와 시기는 다를지라도 모든 영역이 골고루 나타나는 것이 가장 건강하다. 회심은 성경 말씀 몇 구절 붙든다고 얻어지는 것이 아니다.

당신은 회심의 징후가 골고루 나타나고 있는가? 그렇다면 진실로 회심한 사람이며 구원받은 하나님의 자녀이다. 회심자답게 삶의 목적과 방향이 주님의 것과 일치되도록 힘쓰는 삶을 살아야 한다. 다른 성도와의 관계에 헌신하고, 불신자에게 말씀을 전하는 삶이 되도록 애써야 한다.

당신은 90% 헌신된 사람인가, 100% 헌신된 사람인가? 90% 헌신되었다는 것은 하나님이 나머지 10%의 순종을 요구하셨을 때 불순종한다는 의미이다. 이것은 하나님이 주인 되신 삶이 아니다. 하나님은 당신의 몸과 마음과 인생 전부의 주님이시다. 하나님은 당신에게 온전한 순종을 요구하신다.

1구절, 2구절, 7구절
복음으로 무장하라

하나님이 의도하신 때에 복음을 전하려면 미리 준비되어 있어야 한다. 복음은 '한 구절 복음' '두 구절 복음' '일곱 구절 복음' '개인 간증' 등 복음의 내용은 같지만 다양한 관점에서 준비하고 무장할 필요가 있다. 복음을 한 번 듣고 예수님을 영접하는 사람은 거의 없기 때문이다. 복음을 다양한 관점에서 여러 번 듣게 되면 결신하고 하나님을 만나는 데 상당히 유익하다. 다양한 내용과 간증으로 복음을 전할 준비를 하면 불신자를 이성적으로, 감성적으로, 영적으로, 다양한 측면으로 성경적인 자극을 줄 수 있다는 장점이 있다.

'한 구절 복음'은 불신자에게 복음의 핵심을 간단하고 빠르게 전할 수 있다. 한 구절 속에 복음의 핵심이 간단명료하게 모두 들어 있다. 복음은 인간이 해결할 수 없는 죄 문제를 해결할 수 있는 유일한 방법이다. 복음은 사람의 실존, 하나님이 하신 일, 사람이 해야 할 일, 이렇게 세 부분으로 구성되어 있다. 요한복음 3장 16절 한 구절로 복음을 이해해보자.

> "하나님이 세상을 이처럼 사랑하사 독생자를 주셨으니 이는 그를 믿는 자마다 멸망하지 않고 영생을 얻게 하려 하심이라."

복음은 첫째, 사람이 당면한 현재 상태를 말씀한다. 하나님은 모든 인간은 멸망당할 죄인이라고 선언하신다. 멸망당한다는 것은 하나님과 영원히 단절되어 지옥에서 영원히 형벌받음을 의미한다. 하나님은 사람의 실존이 죄인이며 멸망당하는 존재임을 명확하게 지적하신다. 그래서 예수님을 만나는 과정에서 죄인이라는 인식과 회개는 필수적으로 나타나는 현상이다.

복음은 둘째, 멸망당할 인간을 위해 하나님이 하신 일을 말씀한다. 하나님이 세상을 사랑하신다. 이때 세상은 유대인과 이방인을 포함한 온 인류, 모든 사람을 뜻한다. 유대인은 자기들만 선택받은 백성, 즉 선민이며 거룩한 백성, 즉 성민으로 오해했다. 하나님이 독생자를 보내신 동기는 바로 사람에 대한 사랑이다. 하나님의 사랑은 먼저 사랑하는 사랑이며 주도적인 사랑이다. "우리가 사랑함은 그가 먼저 우리를 사랑하셨음이라"(요일 4:19). 하나님은 세상 모든 사람을 사랑하신다. 그래서 사람이 스스로 감당할 수 없는 죄악을 끊임없이 경고하시며, 끊임없이 초청하신다.

복음은 셋째, 사람이 해야 할 일을 확실하게 말씀한다. 예수님을 믿고 영접해야 죄 문제를 해결할 수 있다. 진실로 믿는 자는 누구든지 구원을 받는다. 누구에게나 구원의 문은 열려 있으나 아무나 구원을 받을 수 있는 것은 아니다. 예수님을 믿는 자만 구원을 받는다.

'두 구절 복음'은 복음의 핵심을 단순하게 전하되, 변화를 주고자 할 때 사용할 수 있다. '두 구절 복음'은 '한 구절 복음'과 구조와 내용이 동일하다. 다음의 두 성경구절로 '두 구절 복음'을 이해해 보자.

> "우리가 아직 죄인 되었을 때에 그리스도께서 우리를 위하여 죽으심으로 하나님께서 우리에 대한 자기의 사랑을 확증하셨느니라"(롬 5:8).
> "내가 진실로 진실로 너희에게 이르노니 내 말을 듣고 또 나 보내신 이를 믿는 자는 영생을 얻었고 심판에 이르지 아니하

나니 사망에서 생명으로 옮겼느니라"(요 5:24).

복음은 첫째, 사람이 당면한 현재 상태를 말씀한다. 이 세상 모든 사람은 죄인이다. 그래서 사람은 이 세상에서 고통 가운데 살다가 결국 죽을 수밖에 없는 운명이다. 고통의 원인은 죄이며, 죄의 결과는 죽음이다. 사람은 죽음에 대한 두려움에 시달리고, 인생의 허무함에 몸부림친다. 짧은 인생 동안 다른 어떤 것으로 하나님을 대체하여 두려움을 잊고 허무함을 채우고자 한다. 결국 이 세상의 것을 하나님보다 더 소중히 여기게 되는 탐심을 품고 우상 숭배로 치닫게 된다.

복음은 둘째, 멸망당할 인간을 위해 하나님이 하신 일을 말씀한다. 하나님은 '우리가 죄인 되었을 때에' 먼저 우리를 위해 사랑을 표현하셨다. 성부 하나님은 장기적이면서도 철저하게 구원 계획을 세우셨다. 성자 예수님이 그 계획을 따라 십자가에서 죽으심으로 우리의 죄를 대속하셨다. 성령 하나님이 이천 년 전의 그 사건이 지금 여기에서 나에게 유효하게 역사하신다.

복음은 셋째, 사람이 해야 할 일을 확실하게 말씀한다. 요한복음 5장 24절에서 이를 잘 설명하고 있다. 복음을 듣고 믿어 순종하는 것이 사람의 역할이다. 물론 이 과정 가운데 성령께서 역사하시고 주도하신다. 복음을 통한 성령의 이끄심대로 순종해 나갈 때 듣고 믿는 것이 가능해진다. 그 결과 성도는 하나님의 자녀가 되어 영생을 얻게 되고, 죄로 인한 심판을 받지 아니하며, 사망에서 생명으로 영원히 옮겨진다.

'일곱 구절 복음'은 불신자에게 복음을 자세히 전하고 싶을 때 사용할 수 있다. '일곱 구절 복음' 역시 '한 구절 복음'과 구조와 내용이 동일하다.

복음은 첫째, 사람이 당면한 현재 상태를 말씀한다. 사람은 하나님을 떠나 삶의 기준 없이 자기중심적인 삶을 살아가고 있다.

> "그때에는 이스라엘에 왕이 없었으므로 사람마다 자기 소견에 옳은 대로 행하였더라"(삿 17:6).

모든 사람은 하나님이 주인 된 삶이 아니라 자기 자신이 주인 된 삶을 살아간다. 사탄이 하와를 속였던 것처럼 마치 자기가 자기 인생의 하나님인 것처럼, 주인인 것처럼 살아간다. 그래서 모든 사람은 죄인이다. 주인 되신 하나님을 알지도 못하고 하나님과 교제하지도 않는다. 자기를 향하신 하나님의 뜻을 알 수도 없으며 하나님을 기쁘시게 하는 삶을 살지도 못한다. 죄인 된 인간은 거룩하신 하나님에게 다가갈 수 없는 존재이다.

"모든 사람이 죄를 범하였으매 하나님의 영광에 이르지 못하더니"(롬 3:23).

모든 사람은 반드시 죽는다. 사람이 죽는 것은 죄의 필연적인 결과이다. 문제는 죽음이 끝이 아니라는 사실이다. 죽음 이후에 심판이 있어 이 땅에서의 삶을 심판하신다.

"한번 죽는 것은 사람에게 정해진 것이요 그 후에는 심판이 있으리니"(히 9:27).
"이는 우리가 다 반드시 그리스도의 심판대 앞에 나타나게 되어 각각 선악간에 그 몸으로 행한 것을 따라 받으려 함이라"(고후 5:10).

인간은 심판의 결과 영벌에 처해질 운명이었다. 하나님을 알지 못하는 사람들, 하나님을 찾지도 않는 사람들, 복음에 순종하지 않는 사람들에게 예비 된 것은 영원한 멸망과 형벌이다. "하나님을 모르는 자들과 우리 주 예수의 복음에 복종하지 않는 자들에게 형벌을 내리시리니 이런 자들은 주의 얼굴과 그의 힘의 영광을 떠나 영원한 멸망의 형벌을 받으리로다"(살후 1:8-9).
복음은 둘째, 멸망당할 인간을 위해 하나님이 하신 일을 말씀한다. 예수님은 우리의 죄를 위하여 십자가에서 대신 죽으시고 부활하셨다. 이것은 사람들을 향하신 하나님 사랑의 표현이었다.

> "우리가 아직 죄인 되었을 때에 그리스도께서 우리를 위하여 죽으심으로 하나님께서 우리에 대한 자기의 사랑을 확증하셨느니라"(롬 5:8).

인류 역사상 의인을 위하여 죽는 자가 많지 않았고 선한 자를 위하여 용감히 죽는 자가 혹 있었지만(롬 5:7) 죄인을 위하여 누군가 대신 죽었다는 소식은 없었다. 그런데 사람이 치러야 할 죄의 대가를 예수님이 죽으심으로 대신 치르셨다.

예수님은 하나님이시면서 사람이시기에 사람의 중보자가 될 수 있으셨다.

> "하나님은 한 분이시요 또 하나님과 사람 사이에 중보자도 한 분이시니 곧 사람이신 그리스도 예수라"(딤전 2:5).

예수님은 사람들을 대신하여 모든 죄를 짊어지고 하나님 아버지께 나아가는 대제사장이자 제물 자체가 되셨다. 예수님은 사람이시기에 우리의 모든 연약함을 아시고 불쌍히 여기신다. 하지만 죄는 없는 분이시기에 온전한 중보자가 될 수 있으셨다.

"우리에게 있는 대제사장은 우리의 연약함을 동정하지 못하실 이가 아니요 모든 일에 우리와 똑같이 시험을 받으신 이로되 죄는 없으시니라"(히 4:15).

복음은 셋째, 사람이 해야 할 일을 확실하게 말씀한다. 사람은 반드시 복음을 듣고 마음으로 믿어야 죄 사함을 받는다. 그 외에 죄의 문제를 해결할 수 있는 다른 방법은 없다.

"내가 진실로 진실로 너희에게 이르노니 내 말을 듣고 또 나 보내신 이를 믿는 자는 영생을 얻었고 심판에 이르지 아니하나니 사망에서 생명으로 옮겼느니라"(요 5:24).

복음을 듣고 믿는 것은 복음의 내용에 순종하는 것을 전제로 한다. 복음에 순종하지 아니하면 구원을 받지 못한다. "그러면 거기에 들어갈 자들이 남아 있거니와 복음 전함을 먼저 받은 자들은 순종하지 아니함으로 말미암아 들어가지 못하였으므로"(히 4:6).

복음에 순종한 결과 영생을 얻게 되고, 심판에 이르지 아니하며, 하나님과 영원한 삶을 살게 된다. 자기 소견에 옳은 대로 행하는 삶에서 하나님의 뜻대로 살게 된다. 자기중심적인 삶에서 하나님 중심적인 삶을 살게 된다. 하나님이 아버지 되고 주인 되신 삶을 살게 된다. 진리 안에서 풍성하고 자유로운 삶, 창조의 질서가 회복된 삶을 살 수 있다. "너희가 내 말에 거하면 참으로 내 제자가 되고 진리를 알지니 진리가 너희를 자유롭게 하리라"(요 8:31-32).

시카고 월로우크릭교회의 담임목사 빌 하이벨스는 「사랑하면 전도합니다」(두란노)에서 '접근의 힘'을 강조한다. "불신자들에게 가까이 다가가지 않으면 지구상에서 가장 그리스도를 닮은 그리스도인조차 아무런 전도 열매를 맺을 수 없다. 불신자에게 다가가지 않으면 사실상 전도가 불가능하다. 관계가 싹트고 다리가 놓이며 영적 대화의 물꼬가 트이려면 일단은 다가가야 한다. 전도를 한답시고 아무리 애를 써도 주위가 신자로만 꽉 차 있으면 아무런 소용이 없다. '이미 구원받은 자'를 또 구원할 수는 없는 노릇 아닌가."

말씀을 심어
사람을 거두라

가까운 사람에게 복음을 전하는 일은 참으로 부담

스럽다. 길을 가는 사람을 붙들고 전도하는 것도 쉽지 않지만 가까운 사람들, 즉 친구, 회사 동료들에게 복음을 전하는 일은 더욱 어렵다. 그들은 내가 어떤 사람인지 알기에 스스로 마음이 위축되는 것이다. "너나 잘 하세요"라는 말을 들을 것 같아서 망설여진다. 사실 어떤 사람도 완벽할 수는 없다. 그러나 내가 완벽해야지만 전도할 수 있는 것은 아니다.

전도는 나를 전하는 것이 아니라 예수님을 전하는 일이다. 하지만 예수님이 나를 통해서 보이고, 복음이 나를 통해서 나가기에 '나 자신의 어떠함'이 부담스럽다. 내가 완벽하지 않아도 섬기는 마음, 희생하려는 마음, 손해 보려는 마음만 있으면 된다. 이런 태도가 일터에서 빛과 소금의 삶으로 나타난다. 내가 손해 보려는 마음으로 다가가서 동료 직원을 섬긴다면 내가 전하는 하나님의 말씀에 동료들이 진지하게 귀를 기울일 것이다.

복음으로 인해 손해 보는 것을 기쁘게 여기라. 범사에 사람들을 섬기고 배려하라. 그리고 섬김을 기회로 삼아 사람들의 마음속에 말씀을 심으라. 씨 뿌리는 비유는 사람들에게 말씀을 어떤 방식으로 전해야 하는지 원칙을 잘 말씀해주는 비유이다.

"각 동네 사람들이 예수께로 나아와 큰 무리를 이루니 예수께서 비유로 말씀하시되 씨를 뿌리는 자가 그 씨를 뿌리러 나가서 뿌릴새 더러는 길 가에 떨어지매 밟히며 공중의 새들이 먹어버렸고 더러는 바위 위에 떨어지매 싹이 났다가 습기가 없으므로 말랐고 더러는 가시떨기 속에 떨어지매 가시가 함께 자라서 기운을 막았고 더러는 좋은 땅에 떨어지매 나서 백 배의 결실을 하였느니라. 이 말씀을 하시고 외치시되 들을 귀 있는 자는 들을지어다"(눅 8:4-8).

씨는 하나님의 말씀이다(눅 8:11). 길 가, 바위, 가시떨기, 좋은 땅은 각각 사람들의 마음을 의미한다(눅 8:12). 여기서 말하는 사람들의 마음에 대해 알아보자.

먼저는 '길 가 마음'을 가진 사람이 있다. 길 가에 있다는 것은 말씀을 들었지만 사탄이 가서 구원을 얻지 못하도록 그 마음에서 마음을 빼앗아버린 상태이다. 말씀을 듣되 깨달아지지 않는 사람이 이에 속한다. 영적인 말씀에 반응하지 않거나 관심이 없는 사람이다. 이들은 하나님을 만나고자 하는 기대감이 없다. 영원하고 본질적인 것을 추구하지 않는 마음을 가진 사람들이다.

'돌짝밭 마음'을 가진 사람도 있다. 바위 위 혹은 돌짝밭에 있다는 것은 말씀을 들을 때는 기쁨과 감격을 받았으나 외적 고난이 닥치면 견디지 못하고 믿음을 배반하는 사람을 말한다. 이런 사람들은 신앙생활을 열심히 하는 게 부담스럽다. 주일 예배 이상을 요구하면 부담스러워한다. 당연히 양육, 훈련을 받거나 배우기를 꺼린다. 일신의 안일이 더 중요하기에 진리라 할지라도 자기를 불편하게 하면 싫어한다. 그들의 마지막은 배은망덕한 배도자이다.

그리고 '가시떨기 마음'을 가진 사람도 있다. 가시떨기에 속한 사람은 교회는 다니지만 세속적인 그리스도인을 뜻한다. 하나님의 은혜를 알기에 신앙에 열심은 있다. 하나님의 은혜가 좋은 줄도 안다. 성경도 하나님의 말씀으로 깨닫고 감동도 받는다. 하지만 결정적으로 세상적인 사고방식으로 살아간다. 육신의 정욕, 안목의 정욕, 이생의 자랑에서 벗어나고 싶어 하지 않는다. 이들은 하나님보다 세상의 성공과 부, 명예를 더 사랑하는 사람이다. 가시떨기 마음을 가진 사람은 마음이 복잡하다. 하나님과 세상 두 주인 섬기니 생각이 복잡하다. 단순하고 담백하게 예수님을 믿질 못한다. 흔히들 하는 죄성과 욕심이 깔려 있는 질문을 많이 한다. "술 마시는 게 죄냐? 클럽에 가는 게 죄냐? 술집에서 아르바이트하면 안 되냐? 담배 피우지 말란 말이 성경에 어디 있느냐? 돈을 사랑하면 왜 안 되냐? 부자가 되는 게 무슨 문제냐?" 모두 육신의 정욕을 금하는 성경의 가르침에 대적한다.

마지막으로 '옥토 마음'을 가진 사람이 있다. 옥토, 즉 좋은 땅에 있다는 것은 착하고 좋은 마음으로 말씀을 듣고 지켜 인내로 결실을 맺는 사람이다. 성경 말씀을 듣고 순종하는 것을 기뻐한다. 하나님의 뜻이 성취되기까지 인내하며 기다릴 줄 아는 성도이다.

마음 밭은 기본 성향이 있으나 변화될 수 있다. 좋은 습관은 형성하기 힘들지만 나쁜 습관은 쉽게 형성된다. 좋은 일은 애써서 가르쳐도 배우기 힘들지만 나쁜 일은 애쓰지 않아도 쉽게 배운다. 밭의 변화도 이와 같다. 나쁜 방향으로는 애쓰지 않아도 잘 변질된다. 하지만 좋은 방향으로 바뀌기는 힘들다. 본인의 노력과 돕는 자가 아주 많은 에너지를 쏟아 부어야지만 가능한 일이다.

마음 밭을 좋은 방향으로 변화시키는 일은 물을 거슬러 수영을 하는 것과 같다. 죽을 정도로 열심히 해야 앞으로 조금 나아가고, 적당히 열심히 하면 제자리다. 방심하거나 조금이라도 쉬면 금방 떠내려간다. 사람은 크게 은혜받았을 때 일시적으로 변할 수 있지만 조금 시간이 흐르면 이전 모습으로 돌아가는 경향이 있다. 이런 경향을 이기고 일시적인 변화가 장기적으로 유지되면 밭 자체가 변했다고 볼 수 있다.

하나님은 모든 사람의 삶을 심판하고 결산하신다. 하나님은 각 사람에게 한 사람 몫의 인생을 주셨다. 또한 각 사람에게 재능에 합당한 사명을 주셨다. "또 어떤 사람이 타국에 갈 때 그 종들을 불러 자기 소유를 맡김과 같으니 각각 그 재능대로 한 사람에게는 금 다섯 달란트를, 한 사람에게는 두 달란트를, 한 사람에게는 한 달란트를 주고 떠났더니"(마 25:14-15). 그리고 이 세상의 삶을 마치고 심판대 앞에 섰을 때 주님은 우리의 삶을 결산하신다(마 25:19).

하나님은 우리의 삶에 열매를 원하신다. 성경에서 말하는 열매는 다음과 같이 다양하다.

먼저는 입술의 열매가 있다. 하나님의 성품과 하신 일에 대해 찬양하고 감사하는 열매이다. "그러므로 우리는 예수로 말미암아 항상 찬송의 제사를 하나님께 드리자 이는 그 이름을 증언하는 입술의 열매니라"(히 13:15).

헌금이라는 열매도 있다. "이는 마게도냐와 아가야 사람들이 예루살렘 성도 중 가난한 자들을 위하여 기쁘게 얼마를 연보하였음이라. 그러므로 내가 이 일을 마치고 이 열매를 그들에게 확증한 후에 너희에게 들렀다가 서바나로 가리라"(롬 15:26,28).

선한 일을 행함으로써 열매를 맺기도 한다. "주께 합당하게 행하여 범사에 기쁘시게 하고 모든 선한 일에 열매를 맺게 하시며 하나님을 아는 것에 자라게 하시고"(골 1:10).

그리고 성령의 열매도 있다. "오직 성령의 열매는 사랑과 희락과 화평과 오래 참음과 자비와 양선과 충성과 온유와 절제니 이같은 것을 금지할 법이 없느니라"(갈 5:22-23).

마지막으로 구원받은 그리스도인들이 열매이다. "이 사람들은 여자와 더불어 더럽히지 아니하고 순결한 자라. 어린양이 어디로 인도하든지 따라가는 자며 사람 가운데에서 속량함을 받아 처음 익은 열매로 하나님과 어린양에게 속한 자들이니"(계 14:4).

언급한 열매들은 모두 사람의 내적, 외적으로 변화된 삶인 것을 확인할 수 있다. 자기 자신이 열매이고 구원받은 다른 사람의 영혼이 열매이다. 결론은 사람이 열매이다. 좋은 나무가 좋은 열매를 맺고 나쁜 나무가 나쁜 열매를 맺는다. "나무도 좋고 열매도 좋다 하든지 나무도 좋지 않고 열매도 좋지 않다 하든지 하라. 그 열매로 나무를 아느니라"(마 12:33).

당신은 삶 속에서 어떤 열매를 맺고 있는가? 당신 자신은 어떤 열매로 맺어지고 있는가? 진실한 그리스도인은 사랑, 희락, 화평, 오래 참음, 자비, 양선, 충성, 온유, 절제의 열매를 실제로 맺으며 살아간다. 그리스도의 성품을 닮고, 그리스도로 인하여 선한 일을 행하며 살아야 한다. 당신은 좋은 나무인가 나쁜 나무인가? 하나님과 이웃을 위해 시간과 돈과 재능을 사용하는가? 아니면 자신을 위해서만 사용하는가? 이웃을 위해 섬기고 있는 것이 있는가? 아니면 자신의 성공과 명예에만 관심을 가지는가? 영혼 구원을 위해 시간, 돈, 재능을 사용하고 있는가? 당신이 어떤 열매를 맺고 있는지를 확인해 보면 자신이 좋은 나무인지 나쁜 나무인지 알 수 있다.

당신은 복음을 전하여 다른 사람을 열매 맺은 경험이 있는가? 지금까지 복음을 전해본 경험은 얼마나 되는가? 당신으로 인해 구원받은 사람은 몇 명이나 되는가? 당신의 평생을 통해 주님께 돌아올 사람은 몇 명이 되기를 기대하는가? 하나님은 당신의 삶을 통해 다른 사람들이 구원받길 기대하신다.

빌 하이벨스는 「사랑하면 전도합니다」에서 영혼 구원에 대한 다급함을 잃지 말라고 조언한다. "그리스도와 오래 동행한 사람일수록 영생에 대한 다급함을 느낀다. 그리스도의 형상을 닮아갈수록 사람을 향한 그분의 다급함이 우리를 통해 더욱 선명하게 투영된다. 구원이 왜 다급한가? 인생이 짧기 때문이다. 그리스도인에게 영원한 목적지는 로마서에서처럼 '하나님의 자녀들의 영광'이지만 영생의 반대편에 영원한 죽음도 있기 때문이다." "한번 죽는 것은 사람에게 정해진 것이요 그 후에는 심판이 있으리니"(히 9:27).

How?

P·A·R·T·4

성장의 목적은 예수님을 닮아가는 것이다

✲ ✲ ✲ ✲ ✲

성장의 목적은 예수님을 닮아가는 것이다. 하나님은 예수님을 본받고 닮아가라고 명하신다. '작은 예수'로 살라고 말씀하신다.

> "우리가 다 하나님의 아들을 믿는 것과 아는 일에 하나가 되어 온전한 사람을 이루어 그리스도의 장성한 분량이 충만한 데까지 이르리니"(엡 4:13).

예수님의 성품, 삶, 사역을 닮아가는 것이 성숙이다. 예수님의 성품을 닮아가고, 교회, 가정, 일터에서 성경대로 살아가는 것이 신앙의 목적이다. 그러기에 우리는 예수님처럼 하나님의 나라를 위한 사역을 감당하기까지 자라가야 한다.

예수님의 성품을 닮아가라

황규리 집사는 '섭섭함'을 잘 느끼는 성격적인 약점이 있다. 예배와 말씀, 기도를 통해 은혜를 받더라도 주위 사람에게서 섭섭함을 느끼는 순간, 받은 은혜는 순식간에 사라져버린다. 자신이 원하는 것을 분명하게 말하지 않으면서도 친구나 부모님이 그것을 알아주지 않으면 서운함을 느끼기도 했다. 특히 몸 상태가 좋지 않을 때는 자신이 베푼 것과 상대가 나에게 베푼 것을 비교하며 섭섭해 했다. 자기가 서운하게 한 것과 상처 준 것은 싹 잊고 상대가 자기에게 준 섭섭함만을 헤아렸던 것이다.

황 집사는 교회에서 훈련을 받으며 자신의 약점을 깨닫고, 이것을 해결하기 위해 노력했다. 섭섭함이란 구멍을 어떻게 메울지 목회자도 함께 고민했다. 황 집사는 "범사에 감사하라"(살전 5:18)는 말씀을 따라 큐티책에 매일 감사한 일 3가지를 적었다. 그녀는 남에게서 받은 고마움은 쉽게 잊고, 베푼 것만 잘 기억하는 자신의 모습을 보게 되었다. 자신이 받은 것을 기록함으로써 자신이 서운함을 느낄 때 원래 이 사람이 자기에게 얼마나 고마운 존재인지를 잊지 않게 되었다. 신기하게도 감사한 일을 기록하면서부터는 섭섭한 마음이 조금씩 사라졌다. 오히려 다른 사람에게서 고마움을 기억하게 되었고, 자신이 더 잘해주어야겠다는 마음이 생기기 시작했다.

물론 변화의 과정이 쉽지만은 않았다. 고마운 사람인 줄 알면서도 상대가 자기에게 조그마한 상처를 줬다는 쓸 데 없는 자존심 때문에 모른 척하기도 했다. 그러다 '상대도 나에게 섭섭함을 느낄 수 있었을 텐데, 평소에 내가 준 관심과 사랑을 기억하기에 좋은 관계가 유지되는구나' 라고 차츰 깨닫게 되었다.

요즘 황 집사는 섭섭한 일이 생겨도 마음에 쌓아두다 폭발하지 않도록 스스로 조심하는 수준이 되었다. 섭섭한 일은 섭섭한 일대로, 고마운 일은 고마운 일대로 정중하게 표현하려고 애쓴다. 민망하기도 하고 귀찮기도 하지만 자주 표현하면서 관계가 더 나아지는 것을 경험했기 때문이다. 황 집사는 신앙생활을 할수록 자신의 성품이 안정되고 사람들을 인격적으로 대할 수 있게 되었다.

성품은 성령의 내적 열매이다

예수님을 닮아간다는 것은 예수님의 성품을 닮아간다는 의미이다. 성품은 성령의 내적 열매이다. 성령의 열매는 사랑, 희락, 화평, 오래 참음, 자비, 양선, 충성, 온유, 절제(갈 5:22-23)이다. 성숙한 성도는 성품에서 그리스도의 향기가 나타난다. 안타깝게도 신앙 연수가 오랜 성도인데 인격적으로 결함 있는 성도와 목회자를 종종 보게 된다. 교회, 가정, 일터에서 별일 아닌 것으로 상처를 주고받는다. 이런 경우가 신앙의 외적 표현에는 열심이 있으나 내면이 주님을 사랑하고 닮아가는 데 실패한 사람들이다. 그래서 목사, 장로, 권사, 집사 등의 직분을 가졌지만 성숙하지 못한 채 영적 어린아이로 살아가게 된다.

일 년 전의 나의 성품과 현재의 성품을 비교하는 것은 의미가 있다. 끊임없이 하나님 안에서 자기의 성품을 돌아보는 시간이 필요하다. 그런데 신앙 있는 나와 신앙 없는 저 사람의 성품을 비교하는 것은 무의미하다. 믿음 없는 저 사람의 성품보다 못한 것은 그럴 수 있다 하더라도 1년 전의 나의 성품보다 성숙되지 못했다면 변명의 여지가 없다.

오스왈드 챔버스는 「그가 나를 영화롭게 하리라」(토기장이)에서 성령의 인격성을 강조했다. "성령의 선물은 인격적인 성령이 우리에게 부여되신 사건으로서, 역사 속의 하나님의 아들 예수님과 그분을 믿는 신자들을 연합시킨다. 성령을 선물로 받은 삶의 특징은 하나님을 향한 헌신이다. 위기가 오기까지는 자신이 주님께 헌신되어 있다는 사실마저 모를 정도이다. 당신이 예수님과 연합되어 있으면 당신의 체험에 대하여 강조하지 않고 당신 자신을 위하여 기도하지도 않는다. 그 이유는 예수님께서 아버지와 하나이신 것처럼 우리도 주님과 하나가 되기 때문이다."

성품은
일반 은총이다

성품은 일반 은총이라는 속성도 있다. 일반 은총이란 예수님을 믿는 것과 상관없이 모든 사람에게 주신 선물이다. 예를 들어 중력의 법칙 등 자연법칙은 믿음의 여부와 상관없이 모든 사람에게 해당된다. 예수님을 믿지 않아도 음악적인 재능이나 공부를 특출 나게 잘하는 사람들이 있다. 그래서 신앙은 없지만 성품이 훌륭한 사람이 있고, 신앙은 있지만 성품이 엉망인 사람도 있다. 성도들 사이에서 이런 말을 흔히 들을 수 있다.

"예수님을 믿지 않는 직장 동료의 성품이 예수님을 믿는 나보다 더 훌륭해요. 왜 그럴까요?"

"예수님을 믿지 않는 친구가 더 착해서 교회에 다니자고 말하기가 힘들어요."

일반 은총은 선천적인 요소와 후천적인 요소가 함께 있다. 언어의 재능이 있는 경우 선천적인 재능과 함께 후천적인 교육환경이나 가정환경, 자신의 노력 등을 통해 계발될 수도 있고, 재능이 묻혀버릴 수도 있다. 성품 또한 일반 은총에 속하기에 선천적으로 정직하고 성실하게 원만한 대인관계를 형성할 수 있도록 타고 나는 부분이 분명히 있다. 동시에 신앙생활을 통해 후천적인 변화, 성숙될 수 있는 여지가 분명히 존재한다. 후천적인 요소라는 부분에서 신앙 성장으로 접근할 수 있다.

주님의 마음결에 합하여
주님의 성품을 닮으라

사람의 마음결은 생각, 감정, 의지로 이루어져 있고, 그것들은 성품으로 드러난다. 나뭇결이 아름다운 물결무늬를 보이며 그 나무의 상태를 드러내는 것과 같다. 말씀과 기도의 삶을 통해 우리의 생각, 감정, 의지를 하나님의 것과 일치시켜나갈 때 하나님을 닮은 성품으로 변화된다.

다윗은 하나님의 마음결에 자신의 마음결을 합한 사람이었다. 하나님이 다윗을 만나 하나님의 마음과 맞는 사람이라고 하시며 기뻐하셨다. "다윗을 왕으로 세우시고 증언하여 이르시되 내가 이새의 아들 다윗을 만나니 내 마음에 맞는 사람이라. 내 뜻을 다 이루리라"(행 13:22). 다윗은 생각, 감정, 의지가 하나님과 합한 사람이라서 하나님의 뜻을 다 이루는 삶을 살 수 있었다.

오스왈드 챔버스는 「그가 나를 영화롭게 하리라」에서 그리스도인이 예수님과 인격적으로 통합되는 것을 기독교의 본질로 보았다. "기독교는 우리 안에 내주하시는 성령에 의해 예수 그리스도와 가까운 인격적인 관계를 맺는 것이다. 기독교는 어떤 원칙을 추종하는 것이 아니다. 기독교의 특징은 자신을 결백하게 보이려고 의식적으로 애쓰는 것이 아니라 자신을 내려놓는 것이다. 따라서 가장 중요한 질문은 '예수 그리스도께서 그분의 뜻대로 내 안에서 행하시는가'이다. 성경에서는 기독교는 개별적이지 않고 인격적이다. 우리는 자신의 정체성을 잃지 않으면서도 하나님께 통합되어야 한다."

CHAPTER. 13

예수님의 삶을 닮아가라

영혼 구원에 열심인 재경 자매는 어느 날, 고등학교 때 같은 기독교 동아리 친구였던 이화와 연락이 되었다. 재경 자매는 이화와 친하게 지냈지만 당시 이화는 하나님을 알지 못했던 친구였다. 고등학교 졸업 후 둘은 오랫동안 만나지 못했다. 재경 자매는 이화와의 만남이 우연이 아니라 하나님이 주시는 기회라고 생각하여 기도하면서 만나게 되었다.

둘은 멀지 않은 동네에 살고 있어서 자주 만났다. 이야기하는 시간도 늘어가면서 대화는 점점 깊어졌다. 자신이 어떠한 가정환경에서 살아왔는지, 고등학생 때 어떤 상황이었는지, 어떤 상처를 받고 자랐는지 하나씩 듣게 되었다. 고등학교 때는 듣지 못했던 사건들도 있었다. 이화가 자신의 힘든 속마음을 털어놓는 그때 재경 자매는 이화의 영혼을 불쌍히 바라보시는 하나님의 마음을 느낄 수 있었다. 이화의 무거운 삶을 조금씩 이해할 수 있었다. 이화에게 행복한 삶과 신앙생활을 함께하고 싶은 열망을 품게 되었다. 하나님께서 이화를 만나 도와줄 수 있는 기회를 주심에 너무 감사했다.

"우리 일주일에 한 번 정기적으로 만나자. 말씀을 같이 읽어보자"며 제안을 했더니 이화도 기쁜 마음으로 동의했다. 목사님이 알려주신 양육의 원리를 기반으로 먼저 나의 삶의 나누고, 설교와 큐티 말씀을 나누기 시작했다. 이화도 예전에 교회를 다녔던 경험을 떠올리며 관심을 갖기 시작했다. 전에는 죄책감으로 들을 수 없었던 찬양을 마음껏 들을 수 있게 되었다며 찬양하면서 받은 은혜를 나누기도 했다. 아직은 시작 단계이지만 목자의 마음을 품고 예수님을 전하고 싶다는 감동이 재경 자매의 마음에 가득하게 되었다.

교회, 가정, 일터에서
성경대로 살라

예수님의 삶을 닮아가는 것은 교회, 가정, 일터에

서 주님의 가르침대로 살아가는 것을 의미한다. 말씀대로 살아가는 과정이 성숙이다. 예수님의 삶을 닮아가는 신앙 성숙에서 지상사명은 성숙의 기준이 된다. "예수께서 나아와 말씀하여 이르시되 하늘과 땅의 모든 권세를 내게 주셨으니 그러므로 너희는 가서 모든 민족을 제자로 삼아 아버지와 아들과 성령의 이름으로 세례를 베풀고 내가 너희에게 분부한 모든 것을 가르쳐 지키게 하라. 볼지어다. 내가 세상 끝날까지 너희와 항상 함께 있으리라 하시니라"(마 28:18-20).

지상사명은 형식과 내용 두 가지 구조로 이루어져 있다. 형식은 전도하여 세례주고 양육해서 제자 삼으라는 명령이다. 내용은 '내가 분부한 모든 것'을 가르치고 지키도록 도우라는 것이다. '내가 너희에게 분부한 모든 것'에 교회, 가정, 일터에서 어떻게 살아갈 것인가에 대한 가르침이 포함되어 있다. 다수의 성도가 교회에서 하나님의 뜻대로 사는 것에 대해서는 훈련을 잘 받고 있다. 하지만 가정에서, 일터에서 하나님의 뜻대로 살아간다는 것에 대해서는 모호하게 느낀다.

삶의 성숙은 교회, 가정, 일터에서 각각 성숙해가는 것이다. '삶의 3가지 영역' 그림을 보면 각 영역에서 성숙의 과정이 잘 나타나 있다. 교회에서 회심자, 제자, 일꾼, 사역자로 자라가고, 가정에서 부모의 역할, 자녀의 역할, 부부관계에서 자라가며, 일터에서 주부로, 혹은 사원, 중급간부, 임원, 경영자로 자라가는 전체 그림이 성

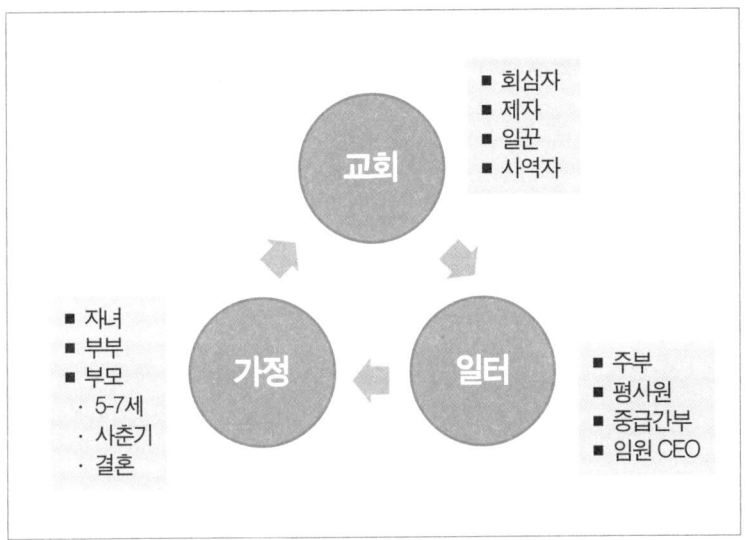

숙의 과정이다.

 토마스 아 켐피스는 「그리스도를 본받아」(브니엘)에서 그리스도를 따르는 삶의 유익함에 대해 설명했다. "주님은 '나를 따르는 자는 어둠에 다니지 아니하고'(요 8:12)라는 말씀을 하신다. 만일 진실로 빛을 받아 마음의 모든 어둠에서 자유롭기를 원한다면 그리스도의 가르침을 따르고 그분의 삶과 습관을 본받도록 하라. 그리스도의 교훈은 모든 성인의 권고보다 더 탁월하며, 그분의 영을 가진 자는 그분께서 주신 교훈 안에 숨겨진 만나를 발견할 것이다. 많은 사람이 그리스도의 복음을 듣기는 하지만 그리스도의 영은 갖고 있지 않기 때문에 말씀대로 살고자 하는 사람은 매우 적다. 그러나 그리스도의 말씀을 철저히 깨닫고자 하는 자는 누구든지 그리스도의 삶을 따르도록 힘써야 한다."

교회생활의 성숙

교회생활은 불신자 혹은 명목상의 신자였다가 예수님을 믿고 하나님의 자녀로 부르심을 받는 것으로 시작된다. 리로이 아임스는 「제자 삼는 사역의 기술」(네비게이토출판사)에서 구원받은 성도는 다음과 같이 네 단계로 성장한다고 말했다.

하나님의 자녀로서의 첫 단계는 '회심자'이다. 영적 어린아이로 비유할 수 있다. 성령을 받고 회개의 삶을 살며 구원의 확신을 받는 단계이다. 죄 사함을 받고 하나님을 인격적으로 만났으며 구원받았다고 말할 수 있는 단계이다.

두 번째 단계는 '견고한 제자' 단계이다. 자기 앞가림을 할 수 있는 20대 청년으로 비유할 수 있다. 하나님을 사랑하고 사람을 사랑하는 신앙의 본질이 견고해지며, 자신의 성품, 삶을 관리할 수 있는 단계이다. 교회, 가정, 일터의 삶의 문제를 성경적인 관점으로 접근

할 수 있고, 하나님의 인도하심과 도우심을 받아 극복해나갈 수 있는 단계이다. 또한 꾸준히 전도하는 삶을 산다.

세 번째 단계는 '생산하는 일꾼' 단계이다. 열정적으로 일하는 나이인 3, 40대 중장년으로 비유할 수 있다. 견고한 제자의 삶을 거치면서 성경적인 삶의 원리와 기준을 배우고, 삶이 말씀대로 성취되는 것을 경험한다. 삶이 성경적으로 견고해지면서 삶으로 본을 보이는 전도와 양육이 가능해진다. 이 단계에서는 사람을 얻어 일대일 양육을 시작한다.

네 번째 단계는 '재생산 사역자' 단계이다. 자신이 양육한 성도가 또 다른 사람을 전도, 양육하는 '일꾼' 수준으로 훈련시킬 수 있는 단계이다. 바울이 디모데를, 디모데가 충성된 사람들을, 충성된 사람들이 또 다른 사람들을 도왔다(딤후 2:2). 영적 4대를 경험한 것이다. 생산은 영적 2대를, 재생산 사역자는 영적 3대를 지칭한다. 성도가 성도를 양육하는 것은 성도 개인의 성숙과 교회 양육시스템이 있을 때 가능하다.

이후 하나님이 목회자로 부르시는 단계가 있다. 목회자로서의 부르심은 내적 확신과 외적 증거 두 가지로 확인된다. 하나님이 나를 목회자로 부르셨다는 내면의 깊은 확신과 사역의 은사, 그리고 열매를 통해 보이는 외적인 증거로 확인 가능하다. 목회자로의 부르심에 대한 내면적인 확신은 있으나 사역의 은사와 열매가 나타나지 않는다면 아직은 때가 아니라고 분별할 수 있다. 그런 경우에는 급하게 신학교에 갈 것이 아니라 사역에 집중하면서 은사와 열매라는 외적 증거를 확인해볼 필요가 있다.

가정생활의 성숙

가정생활에서 성숙하다는 것은 성경적인 남편, 아내, 부모, 자녀로 살아가는 것을 의미한다. 성경적인 남편과 아내의 역할에 대한 대원칙은 에베소서 5장 33절에 잘 나타나 있다. "그러나 너희도 각각 자기의 아내 사랑하기를 자신같이 하고 아내도 자기 남편을 존경하라."

성경적인 남편은 아내를 목숨 바쳐 사랑한다. "남편들아 아내 사랑하기를 그리스도께서 교회를 사랑하시고 그 교회를 위하여 자신을 주심 같이 하라"(엡 5:25). 이 말씀은 아내의 사랑스러움과는 무관하게 남편에게 주시는 명령이다. 아내가 나이 들어 젊었을 때와는 다르게 사랑스러운 외모가 아닐지라도 사랑하는 것이 하나님의 뜻이다. 아내의 입장에서 남편의 사랑이 느껴지기까지 남편은 사랑을 표현해야 한다. 아내를 사랑하라는 하나님의 명령에 순종하는 만큼 성경적인 남편으로 성숙해진다.

성경적인 아내는 남편을 존경하고 복종한다. "아내들이여 자기 남편에게 복종하기를 주께 하듯 하라"(엡 5:22). 이 말씀은 아내는 남편을 존경할 만해서 존경하는 것이 아니라 하나님의 명령이기 때문에 존경해야 한다. 남편이 존경스러운 부분이 없더라도 존경하는 것이 하나님의 뜻이다. 남편의 입장에서 아내의 존경과 인정을 아내는 표현해야 한다. 남편을 존경하라는 하나님의 명령에 순종하는 만큼 성경적인 아내로 성숙해질 것이다. 성경적인 부부관계는 부부 모두의 노력으로만 가능하다. 어느 한쪽만의 노력으로는 한계가 있다. 결혼 전에 이러한 성경의 가치관을 서로 공유하고 확인할 수 있다면 가장 이상적이다.

성경적인 부모와 자녀의 역할에 대한 대원칙은 에베소서 6장에 잘 나타나 있다. "자녀들아 주 안에서 너희 부모에게 순종하라. 이것이 옳으니라. 네 아버지와 어머니를 공경하라. 이것은 약속이 있는 첫 계명이니 이로써 네가 잘되고 땅에서 장수하리라. 또 아비들아 너희 자녀를 노엽게 하지 말고 오직 주의 교훈과 훈계로 양육하라"(엡 6:1-4).

성경적인 자녀는 주 안에서 부모에게 순종한다. 특별히 "주 안에서"라고 말씀하신 것은 주님께 순종하는 범위 내에서 부모에게 순종하라는 뜻이다. 부모 공경은 동서고금을 막론하고 이론의 여지 없이 마땅한 일이다. 하나님은 부모에게 순종하는 자녀가 잘되고 땅에서 장수하리라고 약속하셨다.

성경적인 부모는 자녀를 노엽게 하지 않고 주의 교훈과 훈계로 양육한다. "노엽게 하지 말라"는 것은 인격적으로 대하라는 의미이다. 자녀의 생각, 감정, 의지를 존중하고 표현하도록 양육하는 것이다. 부모가 먼저 성경 말씀대로 살아가며 본을 보이는 것이 자녀 양육의 기본적인 자세라 할 수 있다. 부모와 자녀의 관계에서는 부모의 역할이 결정적이다. 부모가 인격적인 부모로 준비되어 있어야만 성경적인 부모와 자녀의 관계를 맺을 수 있다.

성경적인 남편, 아내, 부모, 자녀로 살아가기 위한 전제 조건은 자신이 먼저 예수님의 좋은 제자로 사는 것이다. 제자가 아닌 배우자가 좋은 배우자가 되기에는 한계가 많다. 부모가 제자가 아닌데 성경적인 부모로서의 역할을 다할 수 없다. 성경적인 배우자나 부모는 한순간에 되는 것이 아니라 성숙의 모델인 예수님을 닮아가면서 배우자로서, 부모로서 성숙해지는 것이다.

일터생활의 성숙

성경적인 상사와 부하의 역할에 대한 대원칙은 에베소서 6장 5~9절에 잘 나타나 있다. "종들아 두려워하고 떨며 성실한 마음으로 육체의 상전에게 순종하기를 그리스도께 하듯 하라. 눈가림만 하여 사람을 기쁘게 하는 자처럼 하지 말고 그리스도의 종들처럼 마음으로 하나님의 뜻을 행하고 기쁜 마음으로 섬기기를 주께 하듯 하고 사람들에게 하듯 하지 말라. 이는 각 사람이 무슨 선을 행하든지 종이나 자유인이나 주께로부터 그대로 받을 줄을 앎이라. 상전들아 너희도 그들에게 이와 같이 하고 위협을 그치라. 이는 그들과 너희의 상전이 하늘에 계시고 그에게는 사람을 외모로 취하는 일이 없는 줄 너희가 앎이라."

성경적인 경영자, 상사는 부하 직원들을 인격적으로 대한다. "위협을 그치라"는 말은 직원들을 인격적으로 대하고, 정당한 대우를 하라는 말씀이다. 세상 권력자는 임의로 주관하고 권세를 부린다(마 20:25). 하지만 성경적인 지도자는 섬기기 위해 이 세상에 오신 우리 주 예수님을 본받아 섬기는 리더십을 발휘하도록 요구하신다(마 20:28). 중간 관리자로 경영자와 동료, 부하 직원들을 섬기는 삶, 경영자의 입장에서 하나님이 맡기신 기업을 청지기 자세로 경영하는 삶에서 자라가야 한다.

성경적인 직원은 성실한 마음으로 상사에게 순종한다. 그리스도인 직원 중에 교회에서 봉사는 열심히 하지만 직업적으로 무능하거나 성실하지 않는 사람이 간혹 있다. 건강하게 일터생활을 하지 않는 성도는 성숙한 성도라고 할 수 없다. "누구든지 일하기 싫어하거든 먹지도 말게 하라"(살후 3:10).

이와 관련해서 팀 켈러는 「일과 영성」(두란노)에서 높은 보수나 칭찬을 위해 일하지 말라고 강조한다. "그리스도인은 일정 부분 희생을 치르고라도 부도덕한 행동에 맞설 만한 토양을 갖추고 있다. 다행스럽게도 기독교 신앙의 스토리라인은 그 도를 따르는 이들에게 윤리적 기반을 제공하기 때문이다. 정직하고 성실하게 행동하는 데 있어서, 그리스도인들은 손익 계산이라는 실용적인 접근 방식보다는 훨씬 단단한 토대를 가진 셈이다. 그리스도인들은 솔직하고 따뜻하며 너그러워야 한다. 보상을 바라서가 아니라 인생을 향한 하나님의 뜻과 설계를 감안할 때 그렇게 하는 것이 옳기 때문이다."

그러면서 팀 켈러는 그리스도인 경영자가 불가피하게 정리해고를 단행해야 할 때도 신앙적인 기준으로 고민해야 한다고 말한다. "기업 경영을 하다 보면 이런저런 어려움이 닥치게 마련이고 주주들이 장기적으로 전체 유익을 위해 희생을 요구하는 사태도 왕왕 벌어진다. 그럼에도 불구하고 사랑하는 마음으로 상황을 대처하는 것은 얼마든지 가능하다. 직원을 아무 때고 갈아치울 수 있는 자원이 아니라 존엄성을 가진 인간으로 대해야 한다. 투명하게 정보를 공유하고, 양방향 소통이 가능한 채널을 널리 열어두어야 한다. 직원들의 반응을 통제하거나 조작하는 것이 아니라 진실한 자세로 설득하려 노력해야 한다."

성숙은 하나님의 질서를 따르는 것이다

성숙은 하나님의 창조질서를 따라 각자의 역할을 수행하는 것이다. "하나님은 무질서의 하나님이 아니시요 오직 화평의 하나님이시니라"(고전 14:33). 성숙의 과정은 남편, 아내, 부모, 자녀, 경영자, 직원의 역할에 대한 성경적인 관점을 이해하고 순종하는 것이다.

지도하는 위치에 있는 사람은 맡겨진 공동체 구성원이 행복하도록 사랑의 권위를 행사하고, 따르는 사람은 적극적으로 협력할 때 가장 건강한 공동체를 이루게 된다. 남편이 아내를 사랑하고 아내는 남편을 존경하며, 부모가 자녀를 인격적으로 대하고 자녀들은 정상적인 부모의 권위에 순종할 때 성경적인 가정이 이루어진다. 정상적인 가정을 이루는 데는 구성원 모두의 노력이 있어야 가능하다.

반대로 지도자는 구성원을 학대하면서 대우받기를 원하고, 구성원들은 정상적인 지도자의 권위에 순종하지 않는다면 공동체가 망하게 된다. 남편은 아내를 사랑하지는 않으면서 큰소리만 치고 아내는 남편을 멸시하며, 부모는 자녀를 학대하고 자녀는 부모에게 반항한다면 건강한 가정을 이룰 수가 없다.

이와 관련해서 토마스 아 켐피스는 「그리스도를 본받아」에서 하나님의 질서를 강조했다. "절대자에게 순종하며 자신의 의지에 따라 살지 않는 것은 매우 훌륭한 일이다. 자신이 명령하기보다는 하나님께 복종하는 것이 훨씬 안전하기 때문이다. 많은 사람은 사랑하기보다는 필요하기 때문에 순종하며 산다. 그런 사람들은 조그마한 일로도 불평하고 낙담한다. 사람들은 하나님의 사랑 아래 자신을 온전히 맡기지 않으면 결코 마음의 평안을 얻을 수 없다. 하나님의 권위에 겸손하게 순종하지 않으면 당신은 어느 곳에 가든 평안을 얻지 못할 것이다. 모든 것에 대해 완전하게 알 수 있을 만큼 현명한 사람이 이 세상에 있겠는가?"

CHAPTER. 14

예수님의 사역을 닮아가라

나는 지역 교회의 담임목사이면서 일터 사역자로 한 달에 며칠씩 회사로 출근한다. 기업에서 내가 하는 역할은 경영자 상담, 직원 상담, 전체 직원 강의 등이다. 이런 활동을 통해 기업이 성경적인 경영이념을 실현하는 청지기 기업(성경적 기업, 킹덤 컴퍼니)을 이루어가도록 돕는다.

그중에서도 직원 상담에 많은 에너지를 쏟는다. 회사의 모든 직원을 순서를 정해서 만난다. 예외적으로 신입, 퇴직, 급작스러운 어려움, 경조사가 있는 경우에는 우선적으로 상담한다. 40가지 정도의 질문을 준비하여 직원들의 가정과 일터의 삶을 공유하고 공감하려고 노력한다. 상담을 통해 직원들의 회사 업무와 가정생활의 고민을 들어주기도 하고, 필요한 경우 조언도 하고 있다. 당연히 상담 내용에 대해서는 비밀을 유지하는 것이 기본 원칙이다.

상담했던 직원 중에서 전산시스템 개발을 담당하는 직원이 기억에 많이 남는다. 그 직원은 입사한 지 3개월 정도 되었을 때 상담하러 왔다. 키가 크고 훤칠하게 생긴데다 성실한 직원이었다. 내게 업무에 대한 고민을 털어 놓았다. 자신이 전산시스템 담당이라 각 부서에서 요청하는 요구사항을 반영하여 시스템을 업데이트하는 데 많은 스트레스를 받고 있다고 했다. 제때 해내지 못할 때는 스스로 자괴감과 무능함이 느껴지기도 하고, 자존심이 무너지는 느낌까지도 든다고 했다.

나는 컴퓨터 개발자로 4~5년 동안 일 한 경력이 있다. 전산과 개발자 세계에 대해 어느 정도 지식이 있었기에 몇 가지 조언을 해주었다. "주임님이 무능해서 그런 게 아니에요. 회사 전체 업무가 어떻게 돌아가는지 프로세스를 아직 파악하지 못했기 때문에 힘든 거예요. 누가 어떤 일을 어떻게 하는지 아직 잘 모르죠? 다른 부서와 직원들을 파악하는 게 우선이에요. 웹사이트 관리나 코딩에만 집중하지 마시고 다른 부서 업무 현장을 방문해보세요. 직원들과 소통하고 전체 그림을 보려고 노력해보세요." 몇 달 후에 어떻게 지내냐고 물어보니 직원들과 친해졌고 업무의 흐름에 많이 익숙해졌다고 밝게 웃었다.

일터는 전도의 황금어장이다. 직원 본인의 입장에서 가정일과 회사 업무에 대해서 돕다 보니 인간적으로 점차 친밀해진다. 두세 번 만났을 때 교회에 다녀본 적이 있는지 물어보고 복음을 전한다. 간증을 들려주면서 예수님을 자세히 소개하고 교회에 출석할 것을 권면한다. 대부분의 직장인이 비신자이기 때문에 물 반 고기 반의 느낌이다. 복음을 들었다고 직원들이 쉽게 영접하지는 않지만 지속적으로 전도할 수 있다는 장점이 있다.

직원들의 가정을 돌보고 일터를 돌보면서 일터 사역자로서 의미를 많이 발견한다. 그들이 행복해지고 삶이 견고해지는 모습을 보면 기쁘다. 하나님의 형상으로 지음받은 직원들이 하나님의 뜻에 합당하게 살며 존귀한 삶을 살도록 돕는 데 보람을 느낀다.

지상사명
: 제자 삼는 사역

예수님의 사역을 닮아간다는 것은 제자 삼는 사역을 성취함을 의미한다(마 28:18-20). 제자 삼는 사역은 12제자 비전을 통해서 직제자를 얻고, 한 사람 비전을 통해 각 사람이 성장할 수 있도록 도와서, 영적 4대 비전을 통해 제자를 재생산함으로 성취할 수 있다.

하나님이 주신 지상사명은 모든 성도에게 주신 것이다. 목회자에게만 주신 것이 아니다. 그래서 모든 성도가 지극히 높은 명령, 즉 지상명령(至上命令)이라고 고백한다.

> "예수께서 나아와 말씀하여 이르시되 하늘과 땅의 모든 권세를 내게 주셨으니 그러므로 너희는 가서 모든 민족을 제자로 삼아 아버지와 아들과 성령의 이름으로 세례를 베풀고 내가 너희에게 분부한 모든 것을 가르쳐 지키게 하라. 볼지어다. 내가 세상 끝날까지 너희와 항상 함께 있으리라 하시니라"
> (마 28:18-20).

예수님께서 이 명령을 주실 때 상위 0.1%의 특공대와 같이 헌신되고 특수훈련을 받은 성도들만 성취할 것이라고 기대하셨을까? 주님이 "내가 말은 이렇게 하지만 사실은 너희들 중 대부분은 도달하지 못할 명령이다. 나도 이루어지길 기대하고 하는 말은 아니다"라는 마음이셨을까? 결코 아니다. 진실하신 주님은 우리를 희롱하기 위해 말씀하셨을 리가 없다. 정상적으로 교회에서 양육받고 훈련받으며 성숙한다면 대부분의 성도가 성취 가능한 명령임에 틀림 없다. 주님의 신실하심을 비추어 봤을 때 제자 삼는 사역은 성취되는 게 정상이고 당연하다. 오히려 성취되지 않는 것이 비정상이다.

이 비전을 성취하기 위한 '하늘과 땅의 모든 권세'는 나에게 주신 것이 아니다. 모든 권세를 가지신 주님이 세상 끝날까지 제자의 길을 가는 나와 항상 함께 있겠다고 약속하신다. 나와 동행하시는 주님을 신뢰할 때 주님이 나의 삶 가운데 지상사명을 이루어가신다. 제자의 삶이란 스승이신 예수님의 가르침을 따라 살아가려고 노력하는 삶이다. '내가 너희에게 분부한 모든 것'을 배우고 순종하려 몸부림치는 삶이다. 단순히 교회생활뿐만 아니라 가정과 일터에서 주님의 가르침을 구체적으로 순종하는 삶을 의미한다.

영성을 추구하는 한 목사님이 제자훈련을 폄하하는 글을 썼다. 비판의 요지는 이렇다. "젊은 목사가 청년들 몇 명 데리고 세상에서 통하지도 않는 얘기하고 앉았다"고. 그 글을 봤을 때 복잡한 감정이 일어났다. 먼저 분노가 일어났다. 예수님 사역의 핵심이 제자 삼는 사역인데 이것을 공격하다니! 정상적인 목회자인가? 그다음은 마음이 칼에 찔린 듯이 아팠다. 가정과 일터의 삶이 강조되지 않는 다수의 현장이 그럴 것이라는 것에 동의할 수밖에 없기 때문이다. 그리고 안타까웠다. "그래서 제자 훈련은 아니야"라는 결론이 아니라 대안을 찾을 수는 없었을까? 제자 삼는 사역은 예수님 사역의 핵심이며 지상사명이기에 이것을 제외하고 다른 사역을 논한다는 것 자체가 무의미하기 때문이다. 다른 어떤 사역도 제자 삼는 사역에서 당부하신 '내가 너희에게 분부한 모든 것'을 가르치고 지키게 하라는 말씀의 하위개념일 수밖에 없기 때문이다.

제자 삼는 사역은 삶을 전달하는 사역이다. 성경적인 라이프 스타일을 가르치고 본을 보여주는 사역이다. 성경적인 라이프 스타일로 초대하여 그렇게 살아갈 수 있도록 돕는 사역이다.

이와 관련해서 리로이 아임스는 그의 저서 「제자 삼는 사역의 기술」에서 "이에 열둘을 세우셨으니 이는 자기와 함께 있게 하시고 또 보내사 전도도 하며"(막 3:14)라는 말씀을 통해 선발, 동역, 교훈의 원리를 강조했다. "주님은 제자들을 먼저 선발하였습니다. 주님께서 선발한 사람들은 어부, 세리처럼 평범한 사람들이었습니다. 주님은 훈련시켜야 될 사람들을 택해야 할 때가 왔을 때 밤새도록 기도하셨습니다. 이것이 선발의 중요한 점이었습니다. 주님께는 이것이 장기적으로 영향을 미치게 되는 중요한 결정이었습니다. 다음으로 주님은 선발한 제자들과 함께 있게 하셨습니다. 엘리야와 엘리사의 경우처럼 많은 사람이 또 다른 하나님의 사람들과 함께 함으로써 하나님의 일을 위하여 훈련되어진 수많은 실례가 있기 때문입니다. 마지막으로 주님은 제자들에게 가르침을 베푸는 특별한 시간도 가지셨습니다. 제자들은 자신들이 무엇을 위하여 주님과 함께 있는지 알고 있었습니다. 그 일은 공원에 놀러 가는 것처럼 쉬운 일이 아니었습니다. 예수님은 그들이 반대와 배척에 부딪혀야 할 것에 대하여 그들을 미리 준비시키셨습니다."

제자 삼는 사역은 12제자 비전, 한 사람 비전, 영적 4대 비전을 통해서 이루어진다.

12제자 비전
: 직제자 비전

12제자 비전은 자신이 직접 사람을 얻어 양육하는 직제자(直弟子) 비전이다. 예수님은 공생애 동안 12제자를 공들여 세우고 훈련시키셨다. "이에 열둘을 세우셨으니 이는 자기와 함께 있게 하시고 또 보내사 전도도 하며 귀신을 내쫓는 권능도 가지게 하려 하심이러라"(막 3:14-15). 12라는 숫자를 고집하는 것이 아니다. 20이 될 수도 있고, 5나 1이 될 수도 있다. 핵심은 예수님이 직접 제자들을 부르고 양육하고 동행하셨다는 사실이다.

이 비전이 가능하기 위해서는 두 가지 전제조건이 필요하다.

첫째는 교회 시스템이다. 성도가 비신자를 전도하여 오랜 시간 양육할 수 있는 시스템과 신뢰가 필요하다. 목회자가 비전을 품고 의도적으로 12제자 교회 시스템을 만들어서 12제자 비전을 가진 성도들을 지도자로 세워야 한다. 시스템이라 함은 어떻게 사람을 얻고, 양육의 과정 가운데 무엇을 어떻게 가르칠지에 대한 지침, 교재, 조직 등을 말한다.

둘째는 성도의 성숙함이다. 성도 본인이 먼저 목회자나 평신도 지도자에게 양육받고 자신의 삶 속에서 성경대로 살아가는 경험이 필요하다. 자신이 예수님을 믿고 행복해야 한다. 자신의 삶이 견고해야 성경적인 라이프 스타일의 본이 되고, 다른 사람을 초청할 수 있다. 그래서 첫 번째 한 사람을 얻기가 힘들고, 얻기까지 많은 시간이 걸린다. 목회자의 목회 철학의 문제, 교회 시스템의 통일성, 성도 개인의 견고한 삶의 성숙, 목자의 마음 품기, 수년 이상 꾸준히 전도하는 열심 등이 전제되어야 하기 때문이다.

하지만 한 사람을 얻으면 그다음부터는 수월하다. 마치 과수원 농부가 봄, 여름, 가을 가뭄과 태풍과 수많은 역경을 이기고 사과나무를 가꾼 것과 같다. 가을이 되어 첫 번째 사과 하나를 수확한다. 그리고 두 번째 사과를 얻기까지 시간이 거의 걸리지 않는다. 봄부터 했던 노력을 다시 해야만 두 번째 열매를 얻는 것이 아닌 것과 같다. 많은 그리스도인이 첫 번째 열매를 얻기까지의 고난과 시간을 견뎌내지 못한다. 중도 포기하는 이유는 본인이 예수님을 믿어도 행복하지 않기 때문이다. 신앙이 자신의 가정과 일터의 삶에 실제적인 영향을 주지 못했기 때문이다. 구원받은 것에 한때의 감격과 감사, 마음이 평안한 정도 이상의 신앙생활을 경험하지 못하기 때문에 전도하기까지의 힘이 부족한 것이다. 그리고 성경적인 라이프 스타일을 보여줄 수도 없어서 첫 번째 사람을 얻는 데까지 나아가지도 못하는 것이다.

한 사람 비전
: 일대일 사역 비전

한 사람 비전은 성도를 개인적으로 상담, 돌봄, 양육, 훈련하는 일대일 사역 비전이다. 예수님은 대그룹으로 설교, 전도, 치유사역을 하시고, 소그룹으로 제자 삼는 사역을 하셨다. 동시에 니고데모의 경우처럼 일대일로 상담과 양육을 하시면서 개인적인 필요를 채우셨다(요 3장).

사도 바울 또한 각 사람의 중요성을 반복해서 역설했다. 에베소에서 사역할 때 "삼 년이나 밤낮 쉬지 않고 눈물로 각 사람을 훈계"(행 20:31)했다. 어디에서 사역하든 각 사람을 전도하고 가르치며 성숙하도록 지도하는 것은 바울에게 중요한 사역 원칙이었다.

"우리가 그를 전파하여 각 사람을 권하고 모든 지혜로 각 사람을 가르침은 각 사람을 그리스도 안에서 완전한 자로 세우려 함이니 이를 위하여 나도 내 속에서 능력으로 역사하시는 이의 역사를 따라 힘을 다하여 수고하노라"(골 1:28-29).

하지만 목회현장에서는 일대일 사역의 중요성이 매우 약화되었기에 안타깝다. 대형 교회라고 일대일 사역을 못하는 것이 아니고 작은 교회라고 할 수 있는 것도 아니다. 목회 철학의 문제이다. 작은 교회에서 잘할 것 같은데 오히려 개인적인 돌봄을 받지 못하는 상태에서 봉사만 강요받다가 대형 교회로 옮겨가는 모습도 종종 보게 된다. 대형 교회의 인적, 물적 자원이 목회 철학의 부재로 성도 개인에 대한 돌봄에 많이 쓰이지 않는 것도 현실이다.

영적 4대 비전
: 재생산 비전

영적 4대 비전은 지도자를 재생산하는 비전이다. 디모데후서 2장에 바울이 디모데를, 디모데가 충성된 사람들을, 충성된 사람들이 또 다른 사람들을 양육한 사례가 이 비전을 잘 설명하고 있다.

"또 네가 많은 증인 앞에서 내게 들은 바를 충성된 사람들에게 부탁하라. 그들이 또 다른 사람들을 가르칠 수 있으리라"(딤후 2:2).

디모데전후서는 목회자 바울이 목회자 디모데에게 쓴 편지이므로 1차적인 적용 대상은 목회자이다. 바울과 디모데는 목회자이지만 충성된 사람들과 또 다른 사람들도 목회자만을 지칭했다고 할 수 있을까? 아니다. 지상사명을 직접 들은 사람은 사도이지만 모든 성도에게 적용되듯이 디모데후서 2장 2절 말씀 또한 일반 성도 가운데 성숙한 사람, 평신도 지도자들이 대상이라고 할 수 있다.

하나님이 지도자에게 리더십을 주시고, 지역 공동체를 세우시며, 이끌어가게 하신다. 신실한 지도자가 재생산되지 않는다면 성도를 지도할 수 없게 되고, 교회는 믿음의 유산을 제대로 물려주지 못하고 사라지게 될 것이다. 충성된 여호수아의 유일한 실책은 후계자를 양성하지 못한 점이다. 그래서 사사시대, 즉 영적인 암흑시대가 왔다. "그때에 이스라엘에 왕이 없으므로 사람이 각기 자기의 소견에 옳은 대로 행하였더라"(삿 21:25). 이 구절은 사사시대를 한마디로 정의하는 말씀이다. "왕이 없으므로"는 "하나님의 뜻을 지도했던 여호수아와 같은 지도자가 없으므로"라고 읽을 수 있다. 하나님의 뜻을 알려주고, 하나님이 원하시는 라이프 스타일을 지도하는 지도자가 없었기에 그들은 고통스럽게 살았다. 내 마음대로 살면 행복할까? 아니다. 악인도 악인 마음대로 행할 것이기 때문이다. 나도 내 이익을 위해 남을 해할 수 있기 때문이다. 옳고 그름의 기준이 없는 삶은 모두에게 불행하고 고통스럽다.

리로이 아임스는 「제자 삼는 사역의 기술」에서 제자 삼는 사역은 하나님이 주도하신다고 강조한다. "하나님께서 제자 삼는 사역을 하십니다. 전도는 인간의 발명품이 아니며 인간의 힘만으로는 이루어지지 않습니다. 만일 이 세상에서 영적으로 고귀한 어떤 일이 이루어졌다면 그것은 하나님께서 하셨기 때문일 것입니다. 그리고 하나님은 사람을 사용하여 그 일을 행하십니다. 그리스도인 형제와 자매들은 복음을 들어야 할 사람들에게 복음을 전파하는 도구로 선택되었습니다. 전도 없이는 하나님의 목적이 이루어질 수가 없습니다. 하나님의 사람들은 그리스도의 모든 풍성함으로 꽉 채워질 물통이 아니라, 그리스도를 온 세계에 전달할 수도관입니다."

| 에필로그 |

한국교회에서 성도의 신앙 연수와 성숙도가 비례하지 않는 경우가 종종 있다는 것은 누구도 부인할 수 없는 심각한 현실이다. 교회생활을 열심히 하는데도 신앙이 성숙하지 않는다는 이유는 무엇일까? 그 이유는 외식주의 때문이다. "화 있을진저. 외식하는 서기관들과 바리새인들이여 너희는 천국 문을 사람들 앞에서 닫고 너희도 들어가지 않고 들어가려 하는 자도 들어가지 못하게 하는도다"(마 23:13). 외식은 겉과 속이 다른 것을 의미한다. 외식은 형식은 있지만 내용은 없는 것을 말한다.

교회생활을 오랫동안 하는데도 성숙하지 않는 것은 외식의 증거라고 볼 수밖에 없다. 외식은 예배의 자리에 앉아 있어도 예배의 본질 없이 몸만 앉아 있는 것이다. 소그룹으로 모였어도 말씀과 간증은 없고 세속적인 이야기만 잔뜩 하는 그런 것이다. 교회 모임에는 참석하지만 개인적으로 하나님과의 교제가 없는 것이다. 주중에 홀로 성경을 읽고, 큐티하는 시간 없이는 외식에서 벗어날 수 없다.

하지만 한국교회에 희망은 여전히 있다. 그것은 바로 성도의 열심이다. 형식적인 교회생활에 보인 열심으로 본질적인 내용을 추구하면 모든 문제가 해결된다. 남에게 보이기 위한 교회생활이 아니라 주님과 자신만의 비밀스러운 사랑의 관계가 동기가 되면 정상적인 신앙 성장이 가능해진다. 한국교회 성도들은 열심이 있다. 이 열심이 본질을 향하면 된다.

활동 그 자체가 지닌 고유한 목적을 추구하면 충분하다. 예배를 드릴 때는 예배를 드리는 고유한 목적인 찬양과 경배에 집중하면 된다. 그러면서 외적인 요소에는 최소한의 에너지만 사용하면 된다. 소그룹 모임에서는 성도들 사이의 역동적인 나눔이 있으면 된다. 나눔 가운데 예수님이 드러나고, 말씀이 선포되며, 체험한 간증을 나누면 그 소그룹은 살아나게 된다. 그리고 사람들이 보지 않더라도 주중에 홀로 주님을 찾으면 된다. 주님과의 사랑의 관계가 있으면 모든 문제와 어려움은 극복된다. 외식은 신앙 성장의 가장 큰 적이다.

부족한 나에게 뭔가 내세울 것이 있다면 전적으로 하나님의 은혜이다. 일터사역의 이론과 실제를 가르쳐주신 방선기 목사님께 깊은 감사와 존경을 드린다. 원고를 처음부터 끝까지 여러 번 읽으면서 논지와 구조를 잡는 데 큰 도움을 준 원일 형제에게 진심어린 감사를 드린다. 하나님이 함께하신 삶을 간증으로 쓸 수 있도록 허락해주신 예함교회 식구와 동역자들께 감사드린다.

하나님의 나라를 위하여 물심양면으로 섬겨주시는 평북노회 강남시찰회 목사님과 장로님들께 깊은 감사를 드린다. 친구가 한 사람 목회하는 것을 기뻐하며 오랜 시간 후원해주고 있는 HD경영연구소 문대수 소장과 가족들에게 깊은 감사와 사랑을 전한다. 또 예함교회가 든든히 세워지도록 기도하며 후원해주시는 윤혜정 성도님에게 깊은 감사를 드린다. 일터 속에 한 걸음 더 깊이 들어갈 수 있는 기회를 주신 가인지캠퍼스 김경민 대표님과 하열사(하나님의 방법으로 열매 맺는 사람들) 여러분께 깊은 감사와 사랑을 전한다. 이 책이 나오기까지 많은 분이 도움을 주셨다. 귀한 이름을 일일이 거론하지 못함을 양해해주시길 바란다.

| 참고 도서 |

방선기, 「직장 백서」, 두란노, 2007
편집부, 「수레바퀴 예화」(네비게이토 소책자 시리즈 4), 네비게이토출판사, 2011
편집부, 「일대일 제자양육 – 양육자용 교재」, 두란노, 2007

데이빗 왓슨, 「제자도」, 두란노, 2011
로렌스 형제, 「하나님의 임재 연습」, 브니엘, 2006
리로이 아임스, 「제자 삼는 사역의 기술」, 네비게이토출판사, 2002
리로이 아임스, 「그리스도인 성장의 열쇠」, 네비게이토출판사, 2004
리처드 포스터, 「영적 훈련과 성장」, 생명의말씀사, 2001
베티 스키너, 「도슨 트로트맨」, 네비게이토출판사, 2007
빌 하이벨스, 「사랑하면 전도합니다」, 두란노, 2011
스티브 맥베이, 「은혜 영성의 파워」, NCD, 2007
오스왈드 챔버스, 「그가 나를 영화롭게 하리라」, 토기장이, 2010
잔느 귀용, 「예수 그리스도를 깊이 체험하기」, 생명의말씀사, 2002
잭 쿠하쉑, 「어떻게 성경을 적용할 것인가」, IVP, 2000
제임스 패커, 「하나님을 아는 지식」, IVP, 2001
토마스 아 켐피스, 「그리스도를 본받아」, 브니엘, 2018
팀 켈러, 「일과 영성」, 두란노, 2013
E. M. 바운즈, 「기도의 능력」, 생명의말씀사, 2010